颠倒思考

发现你的潜能

REVERSE
THINKING

[以色列] 耶希尔·哈拉里——著

王 戎——译

浙江人民出版社

图书在版编目（CIP）数据

颠倒思考：发现你的潜能 ／（以）耶希尔·哈拉里
著；王戎译. — 杭州：浙江人民出版社，2023.5
ISBN 978-7-213-10992-8

Ⅰ．①颠… Ⅱ．①耶… ②王… Ⅲ．①犹太哲学－哲
学思想－研究 Ⅳ．①B382

中国国家版本馆CIP数据核字（2023）第037534号

浙 江 省 版 权 局
著 作 权 合 同 登 记 章
图字：11-2019-389 号

颠倒思考：发现你的潜能

[以色列] 耶希尔·哈拉里 著 王 戎 译

出版发行：浙江人民出版社（杭州市体育场路 347 号 邮编：310006）
　　　　　市场部电话：（0571）85061682 85176516
责任编辑：陈 源 魏 力
营销编辑：陈雯怡 赵 娜 陈芊如
责任校对：王欢燕
责任印务：幸天骄
封面设计：东合社·安宁
电脑制版：北京之江文化传媒有限公司
印　　刷：杭州丰源印刷有限公司
开　　本：710 毫米 × 1000 毫米 1/16　　印　张：17.5
字　　数：190 千字　　　　　　　　　　插　页：1
版　　次：2023 年 5 月第 1 版　　　　　印　次：2023 年 5 月第 1 次印刷
书　　号：ISBN 978-7-213-10992-8
定　　价：58.00 元

如发现印装质量问题，影响阅读，请与市场部联系调换。

C目 录
ontents

第二章

逆向的基本假设

第四章

发现自己的潜能

引 言

不可浪费自己的潜能

> 如果可以奔跑，你就奔跑。如果不能，你就走路。如果走不了，你就爬行。但无论如何，必须做些什么，不断前进。
>
> ——阿丁·施坦泽兹拉比对他的孩子们所说的话

提升创造力

在长达1000多年的历史里，每到赎罪日，犹太大祭司都会来到圣殿最核心的一个房间——至圣所进行简短的祷告。他的祷告词不长，而且念得飞快，因为外面有很多人在等他出来，他可不希望大家担心。他祈祷来年平安而美好，人们的生活顺利且富足。此外，他还在祈祷中特别提到，希望"女人不会流产"。

为什么在大祭司年复一年使用的祷告词中会有这样一句话？流产的确是一件让人痛苦的事情，但大祭司祷告的时间如此宝贵，难道不能代表国家和民众提出一些更重要的请求吗？毕竟，不管是在个人层面还是民族层面，人们都有比流产更值得关注的事情，希望大祭司能在如此重要的场合能祈祷，比如实现身心健康、提高教育水平、空气质量变好、疾病康复等。

有一种解释是，大祭司祷告中的"流产"只是一种比喻，象征着思想、光明、前进方向和潜能，这些东西正等待机会破土而出，进而在现实世界得以显现。大祭司其实是在祈祷，希望所有的祝福不要只停留在未实现的阶段，所有能让世界变得更美好的想法都不要一直处于孕育状态，只开花不结果是不行的。

和大祭司一样，犹太人也会在每年的赎罪日祷告中祈祷所有的创造力都能得以展现，希望自己来年能够最大限度地发挥自己的潜能，使得所孕育的思想能在肥沃的土壤上生根发芽、开花结果。根据《佐哈尔》[①]的内容，既然这些想法、计划和建议已经在我们的内心萌芽，那我们应该顺理成章地让它们造福于世界和世人，而不仅仅是追求个人利益。

就像对犹太大祭司赎罪日祷告的解读一样，我们再一起来看一看《圣经》中出现的第一条戒律："要生养众多，遍满地面。"如果仅从字面意义来理解，这条戒律是劝诫人们多生孩子。但哈西德贤哲同样从精神层面解读了这一经句，认为"生养"是让人弥补世界的缺陷。从这个意义上来看，上帝要求人们充分利用自己的聪明才智，给

---

① 《佐哈尔》又译为《光辉之书》或《光明之书》，是卡巴拉主义最重要的著作。这本书被认为是唯一可与《希伯来圣经》和《塔木德》相提并论的经典著作。——译者注

生命带来更多的光明和活力。或者说，上帝要求人们给世界带来更多
的创造力，而不要浪费自己的才华。

我们的职责

　　毫无疑问，人要充分发挥潜能，这是一种积极且重要的想法。但
我们仍然没有回答前文提出的问题：为什么犹太教大祭司会把"祈祷
女人不会流产"提到如此高的地位，纳入每年最重要的祷告词之中？

　　根据犹太心灵理论，人生中最悲哀和令人惋惜的事情就是潜能没
有得到充分发挥，才华被无情地浪费，以及没有充分利用时间。这样
的例子在我们身边数不胜数：一位雄心勃勃的领导者本可以将事业做
大，但事与愿违；一名创业者白白浪费了许多宝贵的机会；一家公司
放弃之前正确的战略路线；一名天赋异禀的学生不用心学习；一位运
动员完全有能力取得更好的成绩，却泯然众人；许多人在毫无价值的
事情上虚度年华；本来相处得很好的情侣，莫名其妙地反目成仇；还
有许多男女老少，完全有能力学习、创造、改变和成长，却选择在屏
幕前浪费大把美好的时光。

　　在教育研习会上我们经常会碰见这样的父母：他们不明白自己
的孩子存在什么问题或遇到了什么困难，但直觉上认为孩子有些不对
劲。孩子能够完成学习任务，人际关系也处理得不错，交给他们的事
情也能做得很好，并且很听父母的话，一切看起来都在向好的方向发
展。但经过讨论，父母们很快就意识到自己的心结所在：他们的孩子
本可以做得更好！父母看到了自己孩子的巨大潜能，但孩子没有努力

去挖掘，而是甘于平庸。

有时，当我们一味迎合外界，即使完成了外界向我们提出的所有要求，我们也未必挖掘了自己的全部潜能。只有当我们充分探求潜藏在自己灵魂中的力量，并清除那些阻碍这些力量得以发挥的一切障碍时，我们才能充分发挥自己的潜能。

为什么充分利用自己的潜能如此关键？人为什么不应该浪费才华？为什么所有孕育的思想都应被极致地表达和实现？

这是因为，对自己才华的浪费不仅关系到个人是否挖掘了自己内在的潜能，还关系到人的创造性的本质这一更为宏大的问题。一个人如果不花时间和精力去进行创造性思考，去不断成长，充分发现自己被赋予的才能，那么这个人的生命就是不完整的。这种缺憾会让所有人都生活在一个有缺憾的世界中，因为一个人未能发现和实现的某一点很可能是这个世界最需要的。当然，这里所说的"世界"不仅指人类和思想的集合体，也包括其他个体，比如这个人的朋友或家人，因为这个人未能发现的能力、未能把握的机会或未能实现的创造本可以帮到这些人。每个人都是一个完整的世界，而这些世界又可以互相影响。

根据这种观点，人的使命就是充分发现并施展自己的才能，这不仅包括其显性的力量，还包括隐藏在他身上的力量，而后者连他最好的朋友甚至是自己都不知道。

需要指出的是，强调自身力量的发现并不是要求一个人付出大量的汗水。毫无疑问，勤奋是一种积极的品质，但勤奋同这里想表达的思想没有太大关系——人必须发现自己独特的力量。有这样一种可能：一个人也许生活得很积极，很成功，收入很高，或在某个极具挑战性的领域表现得非常出色，但他仍然在浪费自己的生命，没有履行自己的使命。而当一个人没能实现自我，他生活在世界上将始终感到一种莫名的空虚。为了让人完成自己来到这个世界上的使命，每个人都被赋予了特殊的才能。一个人可能认为自己做什么都无所谓，但实际上，并非每个人都能做他所能做到的事情。犹太心灵理论理论认为，如果"一个可以鉴别珠宝或打磨宝石的人，最后却去烤面包，那么他就被认为是有罪的"。

现在我们已经能理解为什么大祭司在赎罪日上祈祷女人不会流产，这是因为他希望所有的想法和才华都不被浪费，思想和才华的不断孕育和诞生正是人的职责所在。

上文的观点是我们生活中一个极具激励性和约束性的原则。这一原则让我们不满足于平庸，不放弃追寻自己独有的力量。既然人都被赋予某种才华、能力和可能性，那么，仅仅告诉自己有能力做某件事或可以成功，然后无所事事、怡然自得，这显然是不可取的。

这一原则让我们不再满足于舒适富足的生活，或在困难面前选择放弃和妥协，它会激励我们走上发现和运用自己潜能的奇妙之旅。

连接外在变化、忠于内在自我

如何实现自己的潜能？我们如何确定自己走在发现自己独特内在力量的正确道路上？这种力量的实现只体现在职业发展、学习、体育、商业思维或科学研究等方面吗？是否也适用于我们生活中其他重要的领域，比如情感、家庭和社会关系？

本书试图指出并论述的正是创造性思考在实现潜能过程中的重要作用，因为创造性思考能够统一和引导所有的内生力量，避免对潜能的无谓损耗，帮助人们更好地发现和实现自己的价值。

我们日常生活中的许多例子都揭示了潜能的实现与创造性思考之间存在密切的关系。想象一下，你突然有一个自认优秀的创业想法，并坚信自己一定能成功，于是，你拉来所需的投资，租下办公场地，雇佣合适的员工，研发新产品。你相信这个产品极具开创性，但没想到销售情况并不尽如人意。所以你决定加强推广，改变艰难的现状，于是在营销、广告和销售上加大投入。你匆忙地赶赴一个又一个会议，每天起床都有新的感悟和想法。然而，事情并没有朝着你预期的方向发展。你逐渐被绝望所吞噬，并开始降低预期，不再有创业之初的野心。坚持一段时间后，你意识到，做最终选择的时刻到了：要么放弃这一事业，解雇员工，处理剩下的债务问题；要么继续坚持，扫除一切障碍，寻找新的方向，并坚信自己一定能发现成功的秘诀，苦苦期盼的改变终将到来。扪心自问，你会做出怎样的选择？

这种风险与机遇并存的两难境地，会以各种不同的方式出现在你的人生中。比如你有一份稳定而舒适的工作，收入尚可，但工作毫无前途，这让你觉得生活毫无希望，自己如同行尸走肉。你希望改变这一现状，却难以抉择：自己应该勇敢地辞掉这份稳定的工作，义无反顾地在自己心仪的领域重新开始，还是认为这样风险太大，很可能得不偿失？最终，你很有可能决定等待更好的机会出现时再做选择。面对这样的情况，你又会如何选择？

在这类问题上，大多数人都倾向于根据外部变量来做选择，这些变量包括成功概率、风险和收益。犹太心灵理论则鼓励我们采用一种截然不同的方式来看待人生道路上的十字路口，从而做出正确的选择，这种理论更强调人对内在层面的探索。

的确，没有哪种方法能适用于所有的情况，每一种情况都需要当事人关注并分析各种变量，比如这一情况的特点、个人能力、心理状态、经济状况和家庭情况。但不管在什么情况下，我们都应进行两种内生性运动：连接外在变化和连接内在自我。每当面对选择，我们都应该认真地问自己，我们做出的选择是否有利于我们连接外在变化和忠于内在自我，从而作出正确的决策。

连接外在变化是一种不断观察现实的变化与发展的能力。然而，周而复始的生命、例行的工作、根深蒂固的习惯和令人应接不暇的工作，往往遮蔽了世界在不断变化发展的这一事实。但现实并非静止不变，而是在不断地更新和变化。人们要认识到世界在不断变化的这一事实，并且跟随世界一起变化。

无论作为商人、创业者、安全保障人员、宗教人士、父母、老师还是配偶，每个人都要意识到外在世界的变化。当他承认每一刻的世界都在变化和发展，那么他就做好了在此刻让自身发生变化的准备。这时，他不会觉得生活很无聊，而是每时每刻都在寻找和发现新的视角来看待自己所做的事情，这些新的视角让他激动不已，让生活充满惊喜。

一旦缺少这种意识，世界就会变得索然无味，令人昏昏欲睡。他的感官也会变得麻木，很难被任何事情所激动。同外在变化相连接并不是一种自然状态，而是需要人为发挥主观能动性，消除所有遮蔽世界变化的因素。但同时，根据犹太心灵理论，即使他不做出任何选择，也会因为所处世界的变化而被动发生改变，只不过那往往是一种消极的变化。

第二种努力是连接内在自我。这看上去似乎和保持变化的意识相矛盾。所谓连接内在自我，指的是遵循自己的内心，不让自己的意愿完全由外在现实所决定。一个连接着内在自我的人会感到自信而满足，他的行为受到一种强烈的使命感的驱动。他清楚地知道自己为什么要做某件事，而不是随波逐流。他永远在尝试实现自己的目标，这种信念能够使他克服前进道路上的各种困难和阻碍。

犹太心灵理论深入讨论了这两种内心活动的重要性。正如本书将详细解释的那样，这两种努力的结合正是创造性思考的基础和将思想转化为行动的动力来源。当我们时刻朝着这两个方向努力，不断培养自己连接外在变化和内在自我的意识的能力，那么，面对每一个选择时，在每一个领域，我们都能更充分地实现自己的潜能，完成我们在世上的使命。

本书广泛讨论了什么是创造性思考，以及为什么有必要将其运用到生活的各个方面，如何培养这种能力，以及为何我们经常会在无形中抑制这种能力的发展。

需要指出的是，对我个人而言，本书是我长期思考的结果。我之前创作的两本书也是通过犹太心灵理论讨论人的内心问题。其中，《战胜每一刻》一书介绍了施奈尔·扎尔曼拉比的理论和方法，他认为，每个人都处在长期的内心斗争之中，这是两个心灵或两种身份的对抗。我们人生的目的就是在每一个当下赢得这场斗争，从而更好地应对包括紧张、愤怒、焦虑、自我折磨、情感麻木和思绪凌乱在内的各种问题。

随后出版的《提升的艺术》一书详细介绍了教育者和父母应该如何帮助孩子应对不良情绪、培养健康的心理。

本书讨论的则是如何通过创造性思考最大程度地发挥自己的心智潜能。为了实现这一点，本书试图引导读者了解创造性思考的过程、基本假设、心理活动和训练方法。人的内心虽然存在多种力量、多个层面和多种表现形式，但仍然是一个完整的有机体。因此，一方面，本书具有独立性；另一方面，本书的确是一幅更大图景的重要组成部分，同我之前写的两本书相辅相成，这幅完整的图景能让读者对内心力量、人类面临的挑战、应对挑战的方法以及如何充分体验生命等问题拥有全面且深入的认识。

前　言

什么是创造性思考？为什么要运用创造性思考的原则？

> 我有个朋友，总想着长命百岁。我不想增加自己生命的长
> 度，只想拓宽生命的广度。
>
> ——以色列富豪莫里斯·卡恩在其87岁时所言

犹太教对人类最大的贡献

人们普遍认为犹太教对人类最大的贡献是一神论。但其实，在亚伯拉罕之前很可能就已存在一神教信仰。有一种观点认为，犹太民族的先祖亚伯拉罕之所以被称为"希伯来人"①，是因为他喜欢逆流而行，敢于提出新的观点，同当时的主流观点对抗。《米德拉什》写道，尽管他孤身一人，但他毅然选择同世界对抗，"他在一边，整个

① 在希伯来语当中，该词的词根有"渡河"和"另一边"的意思。

世界在另一边"。正是受他这种"逆流而行"思想的影响，犹太人在任何时代都从不轻易屈从于主流观点。

鉴于亚伯拉罕留给民族和世界的遗产，我们可以说，犹太人对世界最大的贡献是创造性思考及其背后的理念。具体而言，这种理论表现为犹太人对个体力量的信仰。他们认为，任何人都可以打破生命的局限，为世界带来实质性的改变，不管是个人世界还是外部世界。

根据《创世纪》中的描述，不同于其他生命，人是被单独创造出来的。犹太学者认为，之所以如此，是因为上帝创世目的的实现取决于每一个具体的生命。同时，每一个人都是一个完整的世界，每一个人的发展都能够影响到整个世界。我们不妨从反面审视个人对世界的影响，人类历史上不乏黑暗的时期，某些人将整个社会带向错误的方向，最终导致政权的颠覆、国家的毁灭和成千上万人的死亡。如果个人能带来如此大的破坏力，那么个人必然也能感动、治愈和修复这个世界，带来革新和进步，甚至可以说，积极的力量比毁灭的力量更加强大。

犹太心灵理论坚信个人能通过发挥自己的潜能来影响整个世界。迈蒙尼德甚至指出，天平的一边是整个世界，另一边是个人，天平处在平衡状态。也就是说，人和世界在某种意义上处于一种对等的状态，但同时，这种状态同时又存在巨大的不确定性，谁也不知道天平将往哪边倾斜，或事情会朝什么方向发展。这时，个体被赋予巨大的责任，人的一言一行都可能对世界产生巨大的影响，打破天平的平衡状态。

因此，人不能慵懒地享受生活而放弃自己的创造力，也不能活得过于肤浅，一味追求安逸。这一理念一直以来都是犹太人的动力之源。犹太人相信，现实生活中的每一刻都充满意义，没有哪一刻是无聊的，因为人在每一刻都能对周围环境起到决定性作用，每一刻的境遇都是同人的能力相匹配的。他必须时刻意识到自己有能力对世界产生重大的影响。整个世界的一代代人的未来，取决于我们此时此刻的行为，取决于我们能否充分发挥自己已知或未知的力量。

创造性思考其实是一种现代化的表达方式，在犹太教书籍中从未出现过。但是，犹太思想对这个表达的内涵、世界的变化性以及人如何利用自己潜能等问题有过全面而深入的探讨。而且，犹太人对创造性思维的重视和对人能够打破各种局限的信仰并不只停留在理论层面，而是渗透和影响到生活中的各个领域，包括管理、工作、商业、科学、情感、教育等，甚至还包括人对生理和心理健康的理解。

在这个方面，朱迪·波尔加的成功可以称为一个有趣的案例。朱迪·波尔加是世界上最优秀的国际象棋棋手之一。在15岁4个月时就获得了"国际象棋特级大师"的称号，打破了传奇选手鲍比·费舍尔之前创造的纪录。她6岁时就战胜过其他国际象棋特级大师。面对比自己年龄大很多且经验丰富的选手，她表现得自信而沉稳，极富创造力，后来成为首位进入国际象棋前100名最强棋手俱乐部的女棋手，战胜过包括加里·卡斯帕罗夫（当时世界排名第一）在内的多名世界冠军，最高排名曾达到世界第八。卡斯帕罗夫曾写道："波尔加的下棋方式独树一帜，这种方式长期以来不被男选手认可，直到他们被这个扎着马尾辫的12岁小女孩无情打败。"

朱迪出生和成长于匈牙利，同时她接受的教育方式非常强调创造性和打破常规，具有鲜明的犹太色彩。朱迪的父母拉斯洛和克莱拉都是犹太人。受犹太传统文化影响，两人都非常重视孩子的教育。他们一家在匈牙利的生活异常艰难，所以将孩子培养为具有创造力的人才成了他们最迫切的愿望，在具体实现方式上，他们则选择了国际象棋。

朱迪的父亲的许多看法同当时普遍的观点不同，而且他敢于坚持自己的观点。他相信，每一个健康的孩子都是潜在的天才，他希望通过教育证明基因和才华并不是孩子成功的决定性因素，每一个孩子都可以被训练成天才。为了证明这一点，他让自己的三个女儿脱离了正常的教育体制，而进行家庭教育，专门训练她们下国际象棋。他的努力没有白费：三个女儿最后都成为世界级棋手。有人问朱迪，为什么她在三姐妹当中成就最大，她解释说，这并不是因为自己更聪明或更有才华，而是因为自己年龄最小，两个姐姐给予她很多知识、经验和鼓励，帮助她更好地成长。

她的父亲对性别的看法也很独特，并不惜在这个问题上同匈牙利国际象棋协会进行长期斗争。国际象棋比赛一般将男女选手分开进行，而且直到今天，国际象棋大师当中女性比例仅占1%。但朱迪的父亲认为阻碍女性取得更大成就的原因完全是社会因素，为了改变这一现状，他建议朱迪不要参加仅对女选手开放的国际象棋比赛。

在接受采访时，朱迪还表示，自己在国际象棋上表现出的创造力和取得的进步并不是由于严苛的训练，而是来自她们姐妹三人对国际象棋由衷的热爱。正是这种热爱帮助她战胜了职业比赛给智力和心理带来的巨大挑战。同样由于热爱，她发自内心地愿意接受这些挑战，因而展现出更强的思考能力和创造力。

朱迪和她两位姐姐的例子并不是告诉我们应该把每个孩子都培养成某个细分领域的天才，而是让我们明白创造力的重要性，每个人都可以也应该在生活中表现出这种创造力。波尔加一家的例子还表明，对智力潜能的充分利用很大程度上取决于我们能否激发自己的好奇心和求知欲。

著名作家乔纳森·萨克斯对上述观点有过总结。他首先提出问题：为什么几千年来犹太人在各个领域表现出很强的创新能力，而且直到今天仍然是创新领域的引领者？他给出的答案是：当整个世界在朝同一个方向前进时，犹太人会朝相反的方向前进。通过几千年的实践，创造性思维已融入犹太人的基因中。

无独有偶，卢巴维奇拉比也指出，逆向思维在犹太人观念中根深蒂固，这一点甚至可以在犹太人的日常对话中体现出来。在世界上所有地方，当一个人向朋友说早上好，朋友一定会回答同样的话。但当两个犹太人见面，一个人向另一个人说："沙洛姆阿来姆。①"另一个人会改变语序回答道："阿来姆沙洛姆。"为什么要改变祝福语的语序？"因为犹太人拥有求异的天性。"通过改变语序，犹太人在试图告诉朋友：慢着，你这样认为，但我不是，我同你恰恰相反。

当看到以色列紧张的政治宗教关系时，一个局外人可能会认为犹太人的生活方式（至少在当下）同萨克斯所言相距甚远。人们可能还会认为，萨克斯给出的答案只适用于作为个体的犹太人，而不是代表

① 希伯来语当中一种打招呼的方式。作者认为改变语序体现了犹太人求异的思维，但另一方面，从语言学角度，不同于我们相对熟悉的印欧语系和汉藏语系，希伯来语句子成分在语序上的确更加灵活。——译者注

犹太人整体生活方式的犹太文化。的确，从表面看来，犹太文化并不是一个以创造性思维为指导原则的知识体系，很多人甚至认为犹太文化非常保守，在很多方面反对创新和改变。

局外人得出这样的结论完全可以理解。但当我们不断靠近犹太文化的内核，把握犹太文化的脉搏，我们就会发现，犹太思想其实非常鼓励创造性思考和对个人潜能的发掘。如果说单纯从文化角度来看这种特性可能还略显模糊，犹太心灵理论和卡巴拉主义思想家们则非常直白地表达了这一点，他们认为创造力的培养和个人潜能的发掘是每个人的使命，甚至可以说，创造性思维是整个犹太心灵理论的核心。

创造性思考的目的是什么？

学术写作要求每篇学术文章都要在摘要和引言部分对所需研究的问题进行概述，这个问题决定了这篇论文或著作试图提出的解决方案。如果没有问题，也就没有必要提出解决方案。问题概述旨在让读者相信解决方案的重要性，促使他深入了解研究这一主题。一个具有普遍性的问题能让随后的解决方案变得更有价值。

创造性思维就是本书的解决方案。本书提出的问题并不是探究创造性思维的缺失，而是为什么犹太文化如此重视创造性思维，认为其在学习、管理、危机处理、情感等领域都发挥着重要作用？但在回答这一问题前，我们首先需要回答：创造性思维在我们生活中到底解决了什么问题？没有创造性思维，我们的生活会失去什么？

在这个世界上，大多数人并没有真正意义上地活着。他们表面上活着，忙忙碌碌地工作、学习、旅行、享受生活、结婚生子，但在大多数时间里，他们却仿佛一具具行尸走肉。他们的生命狭隘而充满局限，有时还很麻木。他们可能喜欢追电视剧，而且欲罢不能，迫不及待地等待着下一集的播出；他们会关注即将举行的比赛的决赛，是某个队的铁杆球迷。然而，能让他们感到激动的始终是电影、电视剧或体育赛事，而不是生活本身，不是他们自己的生活以及自己在生活中要做的事情。

很多时候，我们之所以觉得生活索然无味，是因为我们的生命被某种东西所遮挡。只有主动揭开这些遮挡物，我们才能清楚地看到生命跳动的脉搏。

同样，大多数人不愿进行创造性思考。他们主动选择如此，不想改变自己的思维方式和发挥自己的潜能。他们倾向于让现实替他们做选择，过着按部就班、平淡无奇的生活。他们也不会引导他们的孩子进行创造性思考，错误地认为安于现状能让孩子变得稳重且自信。

有的人在生活中的某个阶段运用了创造性思维的原则，也许还因此取得了一些成就，获得了经济上的成功。但他们沉湎于此，沉浸在过去的荣耀当中，不再开拓进取。有时，过去的成就反而抑制了他们的创造力，使他们不敢打破自己已经创造的一切，失去了之前的干劲，甚至认为之前的运气和成功是无法复制的。

为什么我们容易变得越来越没有活力？一种可能的解释是，这是我们面对生活中的不确定性、困难和悲伤时的一种自我保护机制。这种机制能帮助我们更好地应对生活中的缺憾和不足。当我们让自己的内心沉睡过去，让自己的身体机械地完成日常生活中的重复性劳动,我们似乎能更好地接受生活,不再需要做出任何改变。

犹太心灵理论认为,采用创造性思维的首要目的不是让我们改变商业上的困局,成为更好的经理和领导,成功通过考试,在研究上取得进展,通过情报判断敌方何时会发动进攻,或走出我们当下的各种困境,这些都不是创造性思维的真实目的。

创造性思考的主要目的是让我们能够更有意义地活着,给我们的世界带来更多的活力。一旦缺乏创造力,但凡一个意识清醒的人都会感到像缺氧一样难受,觉得自己缺少价值和内涵。创造性思考旨在解决的正是这种缺少活力的问题,改变我们没有充分体验生命的现状。

正如本书详细解释的那样,这里的活力指的不是人本能的冲动,毕竟一个勃然大怒的人看上去也充满活力。愤怒的人所表现出来的不过是活力向"外壳"推动的一种运动形式,而不是活力本身,或者说,愤怒并不是活力同内在力量的连接。这也是为什么当一个人发过脾气后会感到更加疲惫、空虚和缺少活力。

创造性思维能让人的活力之流向生命生长的方向流淌,这一运动的结果往往会表现为商业上的成功,更高效的管理,科学和艺术上的成就,夫妻关系的改善,使人不再停留在无知和固执的状态,等等。当一个人更充分积极地生活,更合理地运用自己的智慧,他自然会创造性地发现实现自身成长和成功的方法。

不同的创造性思考

犹太心灵哲学告诉我们,即使我们把创造性思维视为解决具体问题的方式，它实际上也在解决更宏观的问题，关系到我们生命的本质和意义。在这方面，犹太思想典籍对创造性思维进行了定义，这同我们在现当代文章中能够找到且人们普遍认为的定义完全不同。

很多人把创造性思考理解为打破常规的"盒外思考"，这一思考过程能给人带来看待问题和挑战的全新视角，从而得出独特且有价值的见解与非同寻常的解决方案。

创造性常常体现在不同领域。因此，许多专门研究创造性思维的研究人员试图利用科学手段发现不同变量间的关系。他们想知道是否存在能够在不同领域产生创造性结果的共通的思维特征，因为，一旦找到这些思维特征，他们也就发现了成功的秘诀。最终，他们列举了一些在每个领域都被证明有效的方法、技巧和思维特征，比如扩大现有知识边界，使不同知识领域产生新的联系，灵活运用其他领域的方法论，通过各种新的方式重塑信息架构，从尽可能多元的角度发现和审视不同的想法和方案，以及保持最大程度的开放性并避免各种先入为主的观念等。

研究人员试图发现的不仅包括不同领域创造性行为的共同点，还包括具有创造性思维能力的人所具有的品质和倾向。这些品质包括好奇心、不怕犯错、对多重意义和矛盾的包容态度以及丰富的想象力。

可以说，犹太教——尤其是犹太教中的《塔木德》①研究，在创造性思维的讨论中享有重要的地位。有人认为，创造性思维的许多特点同《塔木德》中的思维方式非常相似。根据这种观点，《革马拉》

————

① 《塔木德》包括《密西拿》和《革马拉》，其中对犹太人行为的各个方面进行了规范。——译者注

文本及其学习方法能够培养人的分析、逻辑、批判思维和应对复杂问题的能力。所以，通过学习《革马拉》，人们可以培养自己在其他领域的创造性思维。

还有人进一步指出，长久以来，犹太人对《塔木德》的重视以及《塔木德》学习方法的运用是其能够成为全世界人口很少但非常具有创造力的民族的原因。根据这种观点，《塔木德》及其要求的学习方法能让犹太民族和个体进行创造性思考，几千年来帮助他们在世界范围的大流散中存活下来。

由于这些观点的存在，许多人主张采用和推广《塔木德》当中提倡的创造性思考方式。埃尔哈南·纳埃在《塔木德的创造性思维》一文中介绍了《塔木德》中创造性思考的特点，并建议将这些融入自己追求创新和寻找复杂问题解决方案的过程中。他认为，创造性思维是《塔木德》最大的贡献，尤其是其中的对话式讨论。在这些对话中往往会提出一些具有复杂性或批判性的问题，然后再创造性地提出拉比的解决方案。

与塔木德哲学相比，犹太心灵理论对待创造性思维的立场是不同的。犹太心灵理论对犹太文化的创造性思维进行了定义，增加了这一概念的深度和独特性。毫无疑问，《塔木德》当中的确可以推理出大量宝贵的思维方法，但是，犹太心灵理论所总结的创造性思维并不满足于《塔木德》所提供的工具和技巧，在犹太心灵理论中，我们很难看到那些《塔木德》中经常讨论的内容。

那么，犹太心灵理论如何看待犹太文化中的创造性思维呢？

对创造性思维的初步定义

有一位擅长快速绘画的艺术家曾参加美国一个著名的选秀节目。他只有90秒的表演时间，摆在面前的只有一个画架、四支笔刷以及颜料。听到提示音后，他开始快速作画。时间在一分一秒地流逝，评委和观众从一开始的充满期待逐渐变得有些失望，觉得画布上的作品不可能成为杰作。时间马上就到了，这名艺术家没有放弃，仍在作画，但人们根本看不出他画的是什么，更谈不上欣赏了。这时，铃声响起，一分半的时间到了。艺术家停下笔来，将画布翻转过来。这时，观众失望的叹息声立马变为惊叹声，因为画布上呈现的正是此次比赛的主评委安德森的头像（这个节目也是以安德森的名字命名的）。也就是说，在这90秒里，这位艺术家一直在画安德森，但画面是反着的，艺术家在最后一刻将画倒过来时人们才能明白这幅作品的精妙之处。

无独有偶，犹太心灵理论也认为世界处于颠倒的状态。我们所看到的关于世界的图景是一幅完美的杰作，但为了真正看明白这幅图，我们也要反着看，只有这样才能理解其精妙之处，发现被隐藏的世界根源。创造性思考的目的是发现世界的本质，看到世界所有的组成部分，从而意识到我们眼睛看到的事实不一定是真相。

创造性思考试图呈现的正是关于世界的全景，这同我们默认的关于"世界"的假设截然相反。与此同时，这种思维方式并不同世界对立，或否认其价值，而是试图进入世界的深层结构，更清楚地审视世界，从而发现其根源。在这层意义上，如果这位艺术家在反转画面之前的作品也能表达某种意义或呈现出某种美，让评委们一开始就赞不绝口，画面翻转后更让评委目瞪口呆，那么这个案例在犹太心灵理论理论看来就更合适了。

将世界描述为颠倒状态并不是一种用于激发人们产生不同思想的思维练习。犹太心灵理论认为，这是对世界真实结构的客观描述。约瑟夫拉比的亲身经历也能很好地说明这一点。约瑟夫拉比是约书亚·本·列维拉比的儿子，后者是一位《塔木德》学者，也是第二圣殿被毁之前150年生活在以色列的第三代阿摩拉。他的儿子约瑟夫拉比曾被判定为临床死亡，后来又奇迹般地活了过来。醒来后，他的父亲问他刚才看到了什么。

他回答说："我看到了一个颠倒的世界。上面的到了下面，下面的到了上面。这个世界上无足轻重的人在那个世界处在上方，这个世界上重要的名人处在下方。"父亲回答他说："你看到了一个更真实的世界。"

约书亚·本·列维拉比的回答并不是为了安慰儿子，而是在告诉他，当我们以神性的视角从上往下看，世界本来就处于颠倒的状态中。为什么这样说？其实，上帝创造世界的方式就像用蜡印盖章。大家可以想象一下盖蜡印的过程，我们先在将热蜡滴在信封封口处，然后用印章压。因此，印章上的突起部分成为印蜡的凹陷部分，印章上的凹陷部分成为印蜡的突起部分。

这个比喻告诉我们生命存在两个维度，一个维度是可见的，我们称之为"被揭露的世界"，但在它之上还存在另一个隐蔽、崇高和内在的维度，我们称之为"被遮蔽的世界"。隐藏世界就像印章的凹面，这个世界中高大的东西在"被揭露的世界"中会变得矮小，"被揭露的世界"中高大的东西在"被遮蔽的世界"同样会变得矮小。

这种对世界的理解方式存在多重意义，能影响到生活的方方面面。在犹太心灵理论学者看来，其最直接的影响在于，高层世界一切变化的目的都是为了我们生活在其中的低层世界，是为了此时此刻，即我们活着的当下。由此我们可以得出结论，在我们所生活的世界，恰恰在一些细微的事情中能够发现巨大的价值，因为那些看似转瞬即逝、微不足道的事情往往包含着最丰富的意义，而看似崇高和美好的事情，则可能是无趣和肤浅的，反而没有多大的价值。

如何才能知道哪些事情有价值、值得我们为之付出？为了认识事物真正的价值，我们必须将看待世界和生活的视角颠倒过来。即人必须打破世界的局限，才能给世界带来光，从而照亮那些我们的眼睛原本看不到的东西。

将世界颠倒的描述方式对于我们进行创造性思考也有很多启发，其中最主要的一点在于，我们必须变换自己的位置，改变看待事物的视角，不断让自己的思维变得深刻而抽象，从而产生许多新的思想和见解。

贤哲认为人本身就是一个完整的"小世界"，万物皆备于我。为了打破世界的局限，发现其内在本质，人必须首先打破自身的局限，放弃一成不变的世界观、消极的情绪和凌乱的欲望，克服所有的障碍，战胜对世界的恐惧，承受和调节内心世界与外部世界的各种矛盾和冲突。

当人突破了思想和意识上的局限，产生了思想的火花，他还必须带着这些思想回到自己身处的世界，用这些新的思想去改变现实。犹太心灵理论将创造性思考视为一个运动过程，即首先努力发现事物的本质和根源，然后回到现实世界，让世界接受自己的思想和见解，从而对整个世界带来改变。

我们可以通过潜泳运动员的例子来更好地理解创造性思考，当肺部的空气耗尽，他就必须游到水面呼吸，吸足空气，然后再次潜入水中。创造性思考就相当于这个呼吸的过程，让人的身体重新充满空气和活力，否则人只能活在一种较低的层次。

为什么世界是颠倒的？

在详细阐释犹太心灵理论的观察方法前，我们首先需要回答，为什么世界是颠倒的？为什么只有"将世界颠倒过来"才能真正发现事物的真正价值？

毫无疑问，相对于正常作画，反着作画难度更大。在前面提到的比赛中，那名选手反着进行快速作画的目的无非是征服观众，通过制造悬念来赢得比赛。但是在更深层次，他的行为能够帮助观众更好地认识自我，让观众反思自己在画面颠倒过来之前先入为主的想法，以及思考如何让自己变得更有创造力，给世界带来更多的惊喜。

在希伯来语当中，"世界"一词的词根[1]有"消失"和"隐藏"的意思。犹太心灵理论认为，之所以如此，是因为世界被创造时本来就有局限性，包括世界的资源、尺度、数量、物质等各个方面。世界

---

[1]　作为闪含语，希伯来语的动词大多由词根和词型构成，词根本身具有表义性。——译者注

上的生命根据一套自然法则和规律运行，但这些法则和规律所构成的系统遮蔽了世界的内在本质。我们眼睛所能看见的仅仅是被创造的世界的表象，而表象所包含的活力非常有限，因此这个世界也被称为"表皮"世界。这个世界的作用就是遮蔽灵魂的力量，降低灵魂的活力。

因为我们只能看到世界的表象，所以我们总觉得世界不够美好。这个世界上的确存在邪恶、阴险和自私的人，以至于犹太学者施奈尔·扎尔曼拉比说："这个世界被邪恶力量所统治，世事险恶，人生艰难。"

这个世界之所以被创造成这样，其实是为了保留空间让人来发挥更重要的作用。虽然在表象上世界遵循自然法则，邪恶力量处于支配地位，但人拥有透过现象看本质的观察力，能够发现照亮世界的光，去领悟这个世界在本质上是美好的，所有的困难和邪恶力量都是人生的挑战，最终帮助人们充分挖掘和发挥自己的力量。

创造性思考的目的就是发现这些内在维度，并将内在本质同表象联系起来。在这一过程中人们将打破世界的局限，发现同表象截然不同的内在本质。当成功做到这一点后，世界将向人展示其被隐藏的维度和强大的内在生命力。

运用创造性思维

辛蒙·本·拉基什被认为是一位伟大的《塔木德》学者。人们称他为"拔山者"，智者们说，当人们看到拉基什，仿佛像看到一个能"拔起大山,让山与山相互碾磨"的人。"拔山者"指的不是知识渊博的人,而是思想犀利、有创造力并且能够挑战每一个观点的人。《提升的艺术》一书中提到过拉基什,但没有谈到他悲惨的结局。拉基什曾是第二圣殿被毁150年后的一个强盗首领。一天,他看到提比利亚耶西瓦领袖约哈南拉比在约旦河沐浴,约哈南拉比以美貌著称,于是拉基什跳入水中。约哈南拉比并没有反抗,而是相信自己能够改变他的人生道路。他对拉基什说,如果他能离开强盗团伙,开始学习《圣经》,约哈南拉比愿意将比自己更加美貌的妹妹介绍给他。约哈南拉比坚信拉基什能够改过自新,成长为一名睿智的学生,他的信念也深深地打动了拉基什,果然,后者放弃了强盗生涯,沉浸在学习和精神世界的构建中,娶了约哈南拉比的妹妹为妻,成为约哈南拉比在生活中的挚友和学术上的对手。

一天,两位贤哲在讨论一个关于哈拉卡①的问题:铁质容器②在什么情况下会变得不洁净。约哈南拉比首先表达了自己的观点,拉基什则表示反对,提出了不同的观点。约哈南拉比评论说,拉基什是强盗出身,果然对铁器有研究。

这句话让拉基什非常难过,两人多年的友谊就此终结。他离开了耶西瓦,最后在悲痛中死去。约哈南拉比无法接受他的离去,后悔对自己的妹夫和挚友说出这样的话,经常会在野外痛苦地大叫:"拉基什,你在哪儿? 拉基什,你在哪儿?"最后他精神失常,也离开了人世。

---

① 犹太教口传律法。——译者注

② 这里的容器是指犹太宗教仪式需要用到的一种工具。——译者注

为什么约哈南拉比的评论会对拉基什产生如此大的冲击？为什么他无法理解这句话并不能代表约哈南拉比对他的真实看法，并因此释怀？毕竟，根据《革马拉》中的记载，约哈南拉比一直非常欣赏拉基什。

原因在于，拉基什能够离开犯罪世界和强盗生活，全是因为约哈南拉比对他的信任。约哈南拉比不认为他是一个危险的罪犯，而是看到了他的潜能，这是他成长为犹太教贤哲的动力来源。约哈南拉比几十年后的那句话却表达出了相反的立场，是一种对他缺乏信任的表现，这说明约哈南拉比并没有忘记拉基什的过去，他相当于在告诉拉基什，尽管这么多年已经过去，但他依然记得拉基什从何处而来，认为他是一个有污点的人，所以拉基什无法在耶西瓦继续待下去。

虽然这两位贤哲的结局很悲惨，但他们的故事向我们展示了创造性思维的力量，这种力量主要体现在对智力潜能的挖掘上。当存在于正确的情绪、社会和环境时，人的创造力就能充分迸发，并持续很长时间。相反，讥讽、怀疑和冷漠的气氛则会剥夺创造性思维的空间，让人无法努力发现事物的本质。此外，不良情绪、缺乏自信和信念也不利于创造性思维的培养。

写作本书的目的不是从历史中寻找犹太人创造性思维得以展现并影响到人类进程的各种案例，而是要分析到底什么是犹太心灵理论所认为的创造性思考，这种思维方式的原则和特点是什么，培养这种思维需要什么条件，以及如何在一个快速变化的世界中更好地运用这种思维方式。

创造性思考在本质上是一个包含诸多方面的智性过程，也是创新的来源。通过创造性思考，人能够打破智力的局限，产生更深刻的见解和独特的视角。本书的第一章试图描述这一智性过程，审视创造性思考所需调动的理性力量。此外，第一章还罗列了能够判断创造性思考活动的四个层级。我们将通过健康、情感和创业等领域的案例来检验这一层级模型。此外，第一章讨论的问题还包括，什么时候可以期待自己产生新的想法、见解或创造力？何时应该采用这种思维过程？本书中所说的活力指的到底是什么？为什么这种思维过程能让我们的生命拥有更多的活力？我们可以进行哪些类型的创造性思考？

　　创造性思考包含一些明确的基本假设，这些假设可能同"这个世界"的许多假设相反。本书第二章介绍的正是这些假设，在论述过程中运用到管理、商业、科技和自我修养等领域的具体案例，通过这些案例我们能够看到哪些观念会有助于或妨碍创造性思考。

　　如果不能很好地理解这些基本假设，那么我们就很难培养创造性思维。但仅仅依靠这些假设是远远不够的，为了真正拥有创造性思维，我们还需要多样化的思考方式。本书第三章讨论的正是进行创造性思考、打破思维和心理局限性不可或缺的内心活动模式。只有进行刻意的训练，培养特定的意识，我们才能将这些内心活动模式融入生活中。

　　人们只有在充满鼓励的环境下才能进行创造性思考并实现个人潜能。接受之前章节中提到的同普遍观点相反的基本假设固然重要，但人的责任不仅在于自己能够进行创造性思考，还要鼓励身边的人做到这一点，比如鼓励他人拥有正确的内心定位与价值。

　　本书最后一章是对前三章的总结和升华。此外，本章的实用性更强，回答了我们如何判断自己是否正在实现自己的潜能，没有偏离正确的道路。本章鼓励人们采用犹太心灵理论的创造性思考原则，在日常生活中不断进行练习。

总之，犹太心灵理论认为创造性思考是解决这个世界缺乏活力这一亟待解决的问题的关键。犹太心灵理论要求人们颠倒着审视世界、改变世界、修复世界、发现万物背后隐藏的无限可能性，并为其注入更多的生命力。该理论鼓励我们充分相信自己和他人，就像约哈南拉比当年相信拉基什并引导他成长为犹太历史上伟大的学者一样。

犹太心灵理论要求我们每时每刻都与时俱进，不断进行自我改变。与此同时还呼吁人们保持一定的自由度，不要让悠久的历史和厚重的犹太思想成为压抑我们创造力的负担，而是让其成为我们不断成长和创新的精神源泉。

第一章

实现心智的潜能

第一节

两个半脑，两种心智模式

吉尔·泰勒是一位研究人类大脑的科学家。她在TED演讲中讲述了在自己中风后研究自己的大脑的经历，该视频在网上被上千万人观看。她写的《左脑中风右脑开悟》一书连续13周登上《纽约时报》畅销书榜单，被翻译成数十种语言。不难理解为什么人们对她说的话如此感兴趣，作为一名神经学家，她根据自己的经历居然提出中风能让人体验到一种超脱和涅槃的感觉。

1996年，刚刚37岁的泰勒博士在美国哈佛大学工作，是一名从事人脑研究的研究员，专门研究严重心理疾病同人脑结构之间的关系。一天早上，她在起床时左脑血管突然出血，在接下来的4个小时，她见证了自己大脑状况不断恶化的过程。她失去了处理信息、说话、走路和记忆的能力，按她自己的说法，她瞬间退化成一个有着成年女性身体的婴儿。但根据事后回忆，除了生理和认知能力的下降和丧失，她当时感受到一种强烈的平静感，就像涅槃一般，感觉超越了自我，同周围环境融为一体。我们该如何解释中风过程中这种匪夷所思的平静感？

　　在描述自己的个人经历之前，泰勒博士首先解释了人的两个半脑的功能。人脑的左脑和右脑是相对独立的两个部分，大小几乎相同，但处理信息的方式不同，等于两个具有不同性格的个体。右脑关注的是当下的存在，它根据画面进行思考，并通过视觉信息和刺激来学习新的内容。右脑所处理的信息来自感官系统，而这些信息所定义的是当下的触感、气味和声音。这些信息流让人同周围的能量产生联系。根据泰勒的描述，右脑是人能够同当下、现实和他人相连与融合的根源，因为右脑在处理信息的过程中不会制造"自我"意识，而是默认他人和现实本来就处在一种理想的状态。

　　而左脑和右脑的生理功能完全不同。泰勒强调，左脑以线性和系统化的方式思考，关注的是过去和未来。左脑接收各种细节后将其进行分类和重组，然后将这些信息同过去联系起来，并基于这些信息分析未来存在的各种可能性。左脑处理信息的方式不会让人体验到同外界的联系，它是不断强化的"自我"意识，通过分析过去的信息来评估未来对个人在利益和需求满足等方面的影响，认为自我和环境之间存在明晰的边界。

　　泰勒自证，在中风期间，她的左脑功能几乎丧失，失去了对过去和未来的意识，但由于右脑未受影响，她并没有失去对当下的感知能力。中风会带来强烈的疼痛感，这让她感到头晕，但她继续观察自身的变化，发现自己熟悉的对现实世界的感知模式不复存在，身体运动变得特别缓慢，内心似乎有两个声音在对话，或者说在争论。一个声音在否定身体同外部环境之间的边界，这让她感到自己同当时所处的房间融为一体，当左脑完全无法运转时，她甚至体验到一种超脱感，之前内心存在的压力消失得无影无踪。但在这一过程中，她的左脑偶尔发挥作用，试图理解她的身体出现的问题。左脑试图将"自我"概念重新激活，催促她赶紧寻求帮助。泰勒艰难地运用左脑回忆起助理的电话，叫他过来帮忙。

泰勒博士花了8年时间才从中风中完全恢复。尽管这一过程异常艰难，她也为此付出了很高的代价，但作为一名研究人类大脑的科学家，她认为这是一次极为宝贵的机会，让她对自己的大脑和人脑科学领域有了更加深刻的理解。

泰勒通过亲身经历向大家传达的最重要的信息是：通过努力，我们可以主动选择使用哪个半脑进行思考。当我们选择左脑，我们就将自己和世界隔离开来，失去同生命之源的连接；当我们选择右脑，我们就主动地活在了当下，成为宇宙和周边环境的一部分。泰勒在TED演讲末尾总结说，当我们更多地选择使用右脑，我们就能让这个世界变得更加宁静、一致和完美。

泰勒对大脑及其功能所做的二分法对于熟悉犹太心灵心理的人来说并不陌生。人体几乎所有器官都可分为左右两部分，包括大脑、心脏、腿、手、眼睛和鼻子等。在犹太心灵研究中，泰勒的这种二分法在很多方面同施奈尔·扎尔曼拉比的方法有异曲同工之处。施奈尔·扎尔曼拉比认为，人的内心也可以分为左右两个部分，左边在乎的是"我"，促使人将自我置于宇宙的中心。当使用左边的内心，人会通过处理过去的信息来判断未来，并基于对未来的分析来权衡当下的利弊，这会直接影响到人与世界的关系。左边的内心衡量一切事物的标准都基于个人利益，懂得如何激发情绪来控制人的理性，从而让理性为这些情感倾向寻找看似合理的理由。在这个意义上，泰勒的建议的确是有道理的，因为犹太教认为，左边的内心是不良品质和情绪的来源，包括傲慢、压力、恐惧和悲伤等，这些也是自我中心倾向的必然产物。在这种情况下，人会采用功利的眼光看待现实，时刻计算自己的得失。他同世界的关系以及他的情绪状态永远取决于在他看来事情是否对自己有利，由于这种看法具有极强的主观性和不确定性，这使得人始终处在剧烈的情绪波动之中。当他觉得自己很放松、被关爱或被接受时，就会产生积极情绪，而当觉得自己被拒绝，或事情的发展同自己预想不一致时，就会觉得自己受到伤害，并因此会造成情绪低落。

右边的内心则截然不同，表现出一种接受、融合的心理运动，将世界视为一个巨大统一体的组成部分。根据这种心理，人最重要的任务是完成自己的使命，而不是追求个人利益。右边的内心做出选择时不依赖利益或外界赋予的价值感。这时，人必须对自己的情绪状态负责。由于拥有强烈的使命感和意义感，人的情绪不会出现剧烈波动。

《战胜每一刻》一书详细讨论了以上两种心理之间的关系，这种关系可以上升为人的两种灵魂之间的斗争，并经常在人的思绪中表现出来。思绪并不是理性本身，而是理性和情绪这两种内在力量的"外衣"。在斗争过程中，这两种灵魂都试图引导人的思绪，进而控制人的身体和行为，就像一个国王控制一座城邦一样。人无时无刻不面临着这两种倾向之间的斗争，斗争的结果取决于最终主导人思想的是哪一种倾向，是自私的倾向还是同环境和使命相连接的更崇高的倾向。

当右边的内心获胜并成功引导人的思想时，人就会生活得非常专注和健康，保持着同外部世界的连接。"自我"意识不会对他的情绪造成威胁，人的全部力量将集中于完成自己的使命。当左边的内心获胜，人的内心则可能会产生各种不良情绪，这将使他远离当下，活在过去和未来之中。

在此，我们有必要厘清理性和思想之间的关系。泰勒很好地描述了自己的思想斗争，但犹太心灵理论并不认为这是大脑不同部分之间的斗争。犹太经典对大脑运作方式的描述同泰勒的描述有所差异。虽然其也将人脑进行了二元划分，但犹太经典认为，不同于内心，人脑的不同部分并非处于相互斗争的状态，也没有逼迫人做出非此即彼的选择，相反，左脑和右脑在功能上是互补的，因此人并不需要在左脑和右脑之间做选择，而是选择让它们相互配合，形成合力。右脑和左脑需要共同发挥两种重要的功能，以确保人能保持活力、进行创造性思考和引导人的内心。在这个过程中，只选择左脑或右脑都无法充分发掘人的心智潜能。

抽象化和具体化

人脑中能够帮助人进行创造性思考并延续生命活力的两种相互矛盾的功能是什么？

创造性思考不可或缺，但看似相互矛盾的两种思维方式分别是向上思维和向下思维。向上思维又称抽象化思维，与之相反的则是具体化思维，犹太心灵理论术语称其为"外衣化"。

　　抽象化思维在犹太心灵理论术语中被直译为"神奇化"，这种说法来自希伯来语中"奇迹"一词的词根。这种思维过程试图得到一个抽象的概念，不拘泥于具体形式。抽象化的目的是在更高层次上观察和把握事物，寻找事物的抽象本质。这种对事物本质的追寻体现为对"世界"、环境和形势的整体把握。抽象化本质上是抛弃了一切对具体"外衣"的见解，尽可能深刻而全面地了解事物，不去考虑可能影响人判断的具体案例、寓言、指标甚至个人利益。当人在抽象层面已经完全理解了某一事物而没有受到外在具体因素的影响时，他往往会产生新的思想、发现新的方向甚至创造出新的发明。

　　第二种思维方式是同抽象化相反的具体化思维，这种思维方式试图让一个高处不胜寒的思想变得接地气，转化为具体的发现和概念。具体化让人的思想进入现实领域，变得具有可操作性。具体化的目的并非让一个思想在抽象层面变得更加完美，或进一步剥离其"外衣"，而是让人知道如何实现一个想法，或用更具象的工具来解释和证明这个想法。具体化思维让抽象事物变得更加清晰和易于理解。

打破并重置边界

　　为什么创造力要求人们对事物进行抽象理解，从而加深对其本质的认识？因为人脑在认知过程中会本能地为事物设定边界，以帮助人们将抽象概念转化为生活中具体的事物，这就像授课者经常会使用寓言故事或比喻来让学生理解一个极为抽象的概念。这些具体事物划定了这一抽象概念的边界，以一种带有局限性的形式将其展现出来，以帮助学生能够更好地理解。也就是说，这种限定一方面非常有必要，但另一方面也限制了人的创造性思考。

在很大程度上，通俗写作，尤其是社交媒体上的写作方式，就试图采用具体化而非抽象化的思维方式，通过故事和案例而不是抽象解释，来让尽可能广泛的读者理解作者试图解释的概念和观点。但这种写作方式的不足之处在于，读者大多只能停留在"外衣"层面，难以深入理解这些思想。这种方式有助于人们形成初步的理解，但不利于人们获得更加深入的理解。这就像在学习国际象棋时，如果只学习具体的走法，或机械地背棋谱，而不去深层次掌握下棋的技巧，那么效果必然不理想，因为学习者始终只能基于已掌握的技巧做出机械反应，而无法进行全局思考。

抽象化思维试图打破并重置大脑认知的边界，完全推翻之前的各种假设，对事物形成新的理解，将之前不知道或不明确的事情进行重新界定。抽象化思维默认我们对任何事物的理解都存在不足，都有继续探索的空间，因为我们的理解很多时候仍停留在寓言、案例、技巧和故事等"外衣"层面上。而所谓深入，就是把握抽象概念本质，了解表层事物的内因。因此，抽象化思维不满足于表层的"外衣"，而是试图否定这些"外衣"，这种否定并非出于怨恨或叛逆，而是为了深入了解世界、他人和驱动一切的力量。

同样，我们也应该问，为什么具体化思维也是创造性思维不可或缺的一部分？

具体化思维的重要性恰恰体现在其设置边界的倾向。为了深入和全面理解一个概念，人在认知上必须设置一些边界。犹太心灵理论理论将这种边界称为"边缘",这是人理解和内化事物的前提。我们知道,任何物质的存在都有一定的形状和边界,这也是我们观察和认识它们的起点。在思想层面也是如此,一旦缺少边界,所有的思想就变成一片混沌,让人根本无法理解。同样,我们之所以难以理解那些过于抽象和微妙的概念,正是因为这些概念缺少明晰的边界。当概念完全失去边界时,人的认知能力将无所适从,更无法将这些思想转化为现实。

"激进的质疑者"和"温和的接受者"

我们可以通过两种不同的学习方式来更好地理解抽象化和具体化这两种思维方式。第一种方式是不断质疑,尝试理解人们尚未理解的概念。另一种学习方式则更加温和,倾向于接受已有信息和相关结论,不会为了深入理解事物而不断挑战现有的观点和结论。

犹太经典称第一类学习者为"激进的质疑者"。这种学习方法本质上追求的不是思想外在的清晰度,而是其深度和抽象化的程度。但是,在深入了解事物的过程中,这类学习者会发现很多自己理性之光无法到达的地方,并因此产生了更多的疑问,也会发现更多的矛盾之处。当解决了一个矛盾,或弄清了之前不理解或不明确的一个概念后,他们会立马着手解决下一个疑问。他们不断尝试深化自己对事物的理解程度,尽管在这一过程中需要解决的问题也随之变得越来越多。

这些难题让之前的理解变得模糊,迫使学习者打破之前设置的边界和存在的局限。由于每一个问题的解决都会带来更多新的问题，让之前清晰的理解重新变得模糊，因此，学习者在理解程度上呈螺旋上升的态势，不断在更加微妙和抽象的层面理解事物。普通的教育体制或浮于表面的解释根本无法满足这类学习者，他们更喜欢在问题的引领下发现所学事物在更多层面和维度的内容。

"激进的质疑者"之所以会提出各种问题，是因为这些问题对他们来说很重要，如果得不到解答，他们的内心难以平静。正是这种心理激励着他们不断进取，使其不会停留在解决了某个问题的喜悦中。但抽象概念永远是难以捉摸的，这种思维方式使他们很难将事物明确地归入自己的概念体系中。就像有时我们觉得已经完全理解了某个问题，但当被别人问起时，仍然很难给出令人信服的解释。这时我们才发现，那些看似已经理解的问题是多么经不起推敲，在这种情况下，"激进的质疑者"会尝试继续深入对该事物的理解，直到给出合理的解释，但不得不承认，这是一条无比艰辛的道路。

其实，当尝试合理地解释某一事物时，我们也必须运用具体化的思维方式。这就是为什么"激进的质疑者"很难成为优秀的老师。他们的学习方式更适合从事科研工作，向人们解释问题从来不是他们的强项。

"温和的接受者"采用的则是另一种学习方式。他们并不像"激进的质疑者"那样深入探索事物，也不会因为存在尚未解决的问题而感到纠结不已。他们的目的是利用已有的工具解释和解决问题，尽可能让自己的理解变得具体，归纳为简单的规则，而非挑战或颠覆之前的理解。

两类学习者的区别不仅存在于社交媒体中，还体现在写作方式上。一本书或一篇文章的写作风格越通俗，越需要运用适当的插图和数据，这几乎成为现代人普遍采用的写作方式，目的在于影响更多的读者。这类书的目的不是引发读者提出新的问题，或对问题进行深入研究，而是通过大量事例和论据让读者迅速理解并留下印象。与此不同，犹太心灵理论文献中许多思想深刻的文章并没有太多事例或数据，这些文章的目的是促使学习者的思想不断升华和抽象化，最终迸发出更多的思想火花。在阅读这些书的过程中，具体化成为读者个人的任务，而不是被赋予写作者的任务。

我们可以通过约哈南拉比评价拉基什的话来更好地理解抽象化和具体化的区别。本书在前言中提到，约哈南拉比是提比利亚耶西瓦的领导人、著名的《塔木德》学者和以色列阿摩拉，拉基什是约哈南拉比的学生、朋友和辩论者。拉基什去世后，以色列的学者们为了安慰约哈南拉比，让以利亚撒·本·佩达特来到约哈南拉比身边，成为他新的辩论者。一段时间过后，约哈南表达了对以利亚撒的不满："你无法取代拉基什。每当我提出一个新的观点，他会提出24个疑问，我不得不思考和解决这24个问题，因此我的思想变得更为清晰和深刻。你不但无法提出24个疑问，还提出24个佐证我观点的论据。"

当然，提供佐证的论据对于我们理解一个思想也很重要。以利亚撒·本·佩达特在犹太历史上的地位也很高，他后来一直是约哈南拉比的学生，善于帮助约哈南拉比证明新的观点。他通常采用具体化的思维方式，而拉基什更善于提出疑问，质疑新的观点，采用的是抽象化的思维方式。拉基什能让约哈南拉比停下来思考并回答这些问题，从而增强思想的说服力，更深入地对事物进行探索。

两种思维方式的融合

"激进的质疑者"和"温和的接受者"代表着两种极端状态下看似矛盾的学习方式，也代表着抽象化和具体化这两种思维方式的实际运用。但实际上，创造性思考是这两种思维方式或学习方式的融合，而不是单独依靠其中一种。要想真正进行创造性思考，人们必须实现这种融合，既成为"激进的质疑者"，又成为"温和的接受者"。

每个人都需要这两种思维方式，因为这两种力量虽然相反，但相互依存。当一个人缺少抽象思维，其具体化的能力也会受到影响。一个人如果单纯进行"激进的质疑"，那么他的思想就会缺少秩序和清晰度，容易对一切都持怀疑态度。"激进的质疑者"能够接近事物的本质，提高对事物理解的程度，这种学习者头脑中充满了各种方向和想法。但缺点在于，这些深邃的思想很难通过具体形式得以表达。采用这种方式研究问题会不断产生新的需要解决的问题，对事情的理解永远无法趋于稳定。这种学习者尝试跳出边界，这一方面使他们摆脱了常规教育中一些肤浅思想的束缚，另一方面也让他们付出了一定代价，他们的思想因为缺少条理而难以转化为重大的成果和发现。纯粹的"激进的质疑者"在边界问题上从来不会妥协。

为了让"激进的质疑者"的行为真正变得有价值，我们还需要"温和地接受"。"温和的接受者"所接受的正是一些合理的边界，他们所寻找的是事物的基本假设。这种学习者并不试图深入研究事物，而是将自己关于该事物已有的知识不断系统化。他们的缺点在于对事物的理解上可能缺少深度，对于新的发明或研究方向也不感兴趣。综上可知，每一个学习者都应当同时拥有这两种特征，毕竟，如果失去对事物的深度的把握，那么我们同样很难有新的发现。

我们可以通过两类机械师检测汽车故障的方式来更好地理解上文中的思想。第一类机械师拥有汽车所有可能出现故障的清单和相应的检测方法。他从清单的第一条开始逐项排查，最后发现故障，并找到解决方案。第二类机械师对汽车的理解更深，不会机械地参照清单，甚至连车都不碰，而是首先进行冷静地思考。他对汽车发动机和其他部件的原理非常清楚，而且这种理解并非基于具体案例或应对方案。这种理解越抽象，他对汽车原理的理解就越深刻。基于这种整体性的理解，他会针对故障车辆提出一些具体的假设。哪怕是出现书本上没有写到的更为复杂的故障，他也能找到极具创造性的解决方案。

医生给病人看病也是同样的道理。有的医生对人体的理解不够深刻，只能依据标准诊断流程寻找病人各项指标同疾病之间的对应关系，直到发现同医书上相匹配的疾病症状，才能开出对应的处方。而有的医生则拥有抽象思维能力，对人体解剖学和各个器官的功能都有深刻的理解，在没有医书参考的情况下，他也能通过对病人的观察迅速发现病因，并提供多种医疗方案，甚至还会包括一些非常规的疗法。

抽象能力产生的知识更加深刻，因为在抽象化的过程中人的目的并非单纯理解关于某一事物的知识，而是从更高层面把握事物的本质。但单纯依靠抽象化思维是不够的。缺少具体化思维，机械师最终还是无法修好汽车，医生也无法治愈病人。他们都需要把自己的理性之光同他们熟悉领域的具体知识相结合，他们之前学习过的具体知识和接触过的案例都为他们划定了各种边界，当他们能够在抽象化和具体化之间娴熟地转换，在面对新问题时就能更好地打破这些边界，而不是被其束缚。

在理性之光向下的过程中，抽象化和具体化两种思维方式相互交融，心智的抽象产物被具体的"外衣"装饰起来。当机械师修车时，或医生诊断病人时，他们并不会觉得自己在努力协调这两种思维方式，因为一切都非常自然。但实际上，这两种思维方式相互作用、相互依存。人对事物的理解先在抽象化的力量下不断上升，然后通过具体化的力量开始下降，并在这一过程中不断得到完善。可以说，具体化同抽象化具有内在一致性，具体化是抽象化在现实世界的具体体现。

智慧之脑和知性之脑

根据犹太文献，上文提到的两种思维方式也可以同大脑的活动联系起来。《佐哈尔》将人脑分为三部分：位于右侧的智慧之脑，位于左侧的知性之脑，以及连接两者的观念之脑。根据《佐哈尔》的描述，大脑中有三种神光，照射在三个不同的区域，代表着大脑的三种力量和功能。在此我们主要讨论前两种功能。

位于右侧的智慧之脑负责抽象化思维，也是具体化思维的动因，因为智慧的力量会从神光层面回到理性层面，滋养和驱动人的知性力量。根据犹太教心灵理论，智慧的力量具有联结作用，一方面能够超越现实的边界和个体力量的局限，另一方面又能回到现实和个体，将新的神光引入其中，为生活带来新的思想和创造。智慧之脑被称为启蒙力量，因为它给人带来最初的知识，帮助人走出蒙昧状态。智慧之脑也被称为孕育的力量，因为它能孕育新的思想。如果缺少智慧之脑，人将无法进行创新。

智慧的力量之所以能创造一切，是因为智慧的力量能够在两个层次间不断运动和转换。在一个层面上，它不断接近知性力量，即人正常进行理解和对知识进行推演和拓展的能力；在另一个层面上，它不断接近一种更崇高但人无法感知和理解的力量，由于这种力量高于智慧，自然也高于人的内在力量，即理性和情绪。人能通过理性剥离事物的"外衣"，以把握其本质，并表现出一种不断向上的运动趋势，从而不断提高对这一本质的理解程度。这一能力本质上来自我们内在的智慧之脑，这种力量具有神性，超越了人原有的理解力，超出了人的知性之脑的极限。在这个意义上，智慧体现了人们追求崇高的愿望，也就是说，智慧既有追求具体理解的一面，也有追求崇高和抽象的一面。这也是为什么人们在思考崇高的问题时会不自觉地用手撑着下巴，仰头向上看。

为了超越现实，智慧之脑需要将力量凝聚为一个点，即智慧的光点。这个点没有边界概念，也不包含任何表层因素，而是还未进入理解层面的智慧本体。根据《佐哈尔》，只有抛弃一切形式，不断收缩，直至凝聚为一个点，智慧才能连接更高层次的力量。

智慧的力量为了超越现实、获得灵感和思想而自我收缩的过程，取决于人能否进行自我否定。只有当人承认自己的无知，智慧的力量才能真正得以显现。当人放低自己的位置，智慧的力量才能向上攀升，向新的方向继续前进。相反，如果人认为自己无所不知、无所不能，智慧的力量就很难发挥作用，因为人的知识会限制智慧向上的运动，最终无法迸发出思想的火花。

知性之脑本质上是人们理解事物的能力，对人已获取的知识进行解释和扩展。智慧的力量让人通过一个光点模糊地看到事物的全局和本质，但对事物的认知还需要进一步清晰化，这正是知性之脑的任务。它负责不断发掘智慧光点内部的细节，去加工智慧之脑的产物。缺少知性之脑，智慧之脑得到的光点永远只是一种可能性而已，无法被真正地实现。相比之下，知性并非只是一个点，而是对思想的多维扩展，让智慧创造的思想不断向人的方向靠拢，以便人能更好地分析其中的细节，最终得出相应的结论。它尝试从各个不同的角度审视同一事物，但在这一过程中并不存在神光，知性之脑只是帮助人理解已被照亮的内容罢了。

什么是心智的创新？

犹太心灵理论认为，智慧之脑同知性之脑之间的关系可用于定义创新的概念。创新并非这两部分间的单向活动，而是一个互动的过程。如前所述，智慧会超越心智的局限，来到神性的空间，然后又回到人的理性层面，并带来新的知识、理解和创造。知性的力量将这些知识、理解和创造进行加工，用人类更熟悉、更有操作性的形式表达出来。从另一个角度看，智慧之脑在摆脱人思维能力局限性的同时也为人们注入生命活力，知性之脑则在接受这些生命活力后，将其传输到大脑其他部位。当然，这并非一个被动接受的过程，因为知性之脑在这一过程中也参与了思想的加工，也能对智慧之脑产生一定影响，并与智慧之脑相互配合。

当我们客观审视人类的思维过程时，可以明显发现，实质性的创新并不发生在知性之脑，而是发生在智慧之脑，因为知性之脑没有创造出任何的新东西，只是赋予这种创新以力量。只有当智慧之脑不断向上爬升，产生极为微妙和抽象的思想火花时，知性之脑才拥有可以进行加工的原材料。一个人可以不断学习、不断提高，但是如果他不运用自己的智慧之脑，那么他将永远无法创造新的东西，无法为世界带来新的改变。单纯运用知性之脑，人脑无非是在接收外部信息，并不能带来新的神光或产生新的见解。

智慧之脑和知性之脑的理想互动形式可以表现为一个学生在听老师讲课时的"自我收缩"状态。这种收缩并非由于恐惧或缺乏自信，而是专注的结果。一个人要想不断地学习和提高自我，那么他必须抛弃所有不相干的想法，努力将自己聚焦在一个点上，心无旁骛。向上和专注的力量让人在此刻摆脱了其他想法的干扰，可以说，在这一刻，学生成了一个"没有想法"的人，这样才能深入理解他所需学习的内容，最终成为一个"有想法"的人。他心中肯定会有很多的疑问，但这些疑问都是围绕所学内容展开，目的不是否定自己正在学习的内容，而是为了更深刻地理解这些内容。如果一名学生在听过老师的讲解后马上就想发表自己的见解，那么这恰恰说明他缺少"自我收缩"的过程。在理想的学习状态下，学生会全身心地吸收知识和观点，不会从一开始就表达自己的个性和立场，更不会同老师争论。他主动推迟去探索心中产生的诸多疑问，因为他的首要目的是深入了解和理解事物，将零散的知识和理论转化为自己的知识，构建自己的知识体系。当然，如果他在这一过程中，心中没有产生任何疑问，那也说明他没有深入探索这一问题的迫切需求，最终也不会产生任何具有创新性的想法。

学生自我收缩得越充分，智慧之脑的作用就发挥得越充分，之后他抽象化和具体化的力量也越强大。自我收缩并让智慧之脑吸收新的思想是产生新知识的源泉，如果颠倒这个顺序，即先发出自己的声音，让大家看到他的存在，然后才倾听他人的声音，那么智慧之脑就无法为知性之脑带来新的灵感，这将阻止创新思想的诞生。

上文描述的思考过程是有效克服抑制创造力的一个重要因素。亚马逊的创立者和首席执行官、世界著名富豪杰夫·贝索斯曾在谈话中多次指出，在他看来，创新的原则之一是一方面能充满信心，另一方面，在面对和处理问题时又能始终保持初学者的心态，不论自己的经验有多么丰富。他的话道出了克服知识陷阱的重要性，这一陷阱正是抑制创新活动的一个重要因素，让我们成为自己所掌握知识的奴隶。很多时候，我们学习新的知识，不断拓宽自己的能力边界，但同时也被自己的知识所困，难以摆脱其影响。这些已掌握的知识会阻碍我们获取新的知识与形成新的看待事物的方式。抽象化和具体化正是克服这一障碍的有力工具，它能够避免我们被自己的知识所控制，鼓励我们在接受和采纳任何观点前都不断审视、怀疑和提问。这两种思维方式让我们同时成为"博学者"和"无知者"，因为一方面我们的知识能让我们形成新的能够贯彻到自己生活中的见解，另一方面，抽象化思维会使我们避免盲目地接受那些不清晰和不成熟的见解。

合理运用抽象思维和智慧力量

另一个需要讨论的问题是：创新思想是如何产生的？或者说，虽然我们已经明白抽象化和具体化思维的作用，但到底什么时候应该使用抽象化思维，什么时候又应该使用具体化思维呢？另外，心智的力量必须时刻处于活跃状态吗？

实际上，虽然抽象化思维以及大脑的智慧的力量十分重要，但我们并不需要每时每刻都调用它们。相反，长期让自己的智慧的力量处于喷涌或迸发状态既不能让我们充分发挥自己内心的力量，也不利于将智慧的光点转化为现实。为了发挥内在力量，我们必须首先运用智慧，产生智慧的光点，然后让智慧的力量退到幕后，让其他力量登场。只有这样，其他力量才有机会不断加工已有的智慧光点，将其转化为现实。比如，当一个建筑师产生了建筑设计方面的灵感，他需要的不是更多的灵感，而是停止运用自己智慧之脑的活动，开始思考如何实现自己这些富有创意的想法，满足相关部门对建筑的各项规定和客户的诸多需求，考虑下水系统的位置、阳光角度和通风等极为具体的问题。如果他不能停止智慧力量的运动，那么他就无法确保自己拥有足够的器量来容纳智慧带来的生命活力，也无法让已有的生命活力充盈到自己身体的各个部分及其活动中。

前文提到过，高质量的具体化思维活动以抽象化思维活动为前提。但是，如果人时刻处于灵感迸发的状态，产生过多的智慧光点，反而会影响到他的知性力量的发挥。知性力量需要人能主动关闭自己的智慧的力量，始终保留一个智慧光点的存在，而且这个唯一的智慧光点必须足够小，以隐藏其内在的智慧，只展现其外在特征。比如说，一位科学家在介绍和交流他的科研成果时，他所表达的是他运用智慧的力量在过去得到的产物，但在演讲的过程中，他并不需要运用智慧的力量对思想内容的本质重新进行深入思考，而是需要运用知性之脑呈现智慧的外在特征，因此他的思维处在另一个层面进行活动，即演讲的内容。相比科研活动本身所涉及的内在理解，演讲活动大多数情况下难度更小。

基于前文我们可以看到，抽象化和具体化并非两个同时存在的思维过程，在进行抽象化思考时，我们无法同时进行具体化思考，我们只能合理安排两者的顺序，使之做到默契配合。

需要补充的是，上文提倡的"先进行抽象化后进行具体化"的思维顺序并非不可更改。实际上，我们可以通过自上而下和自下而上两种路径得到正确的结论。按照哈西德理论的说法，人们也可以首先从具体的问题着手，这时，人们并没有从根本上把握这些问题背后的逻辑，但基于自己之前的见解，人模糊地意识到这些问题存在价值。通过对这些外在问题的深入研究，人们最终也能得到正确的结论，这也就是说，具体的研究也能够达到与抽象化思维相同的效果。

当然，从犹太学者的观点看来，另一种路径的运用更为普遍，即自上而下，人们一开始模糊地想到一个研究方向，那时他的理解还不深刻，甚至无法清晰地表达出自己的想法，更没有找到问题的答案，但他并没有失去信心，而是不断通过抽象化的方法进行思考，不过分关注细节，也不设置边界。之后再改变思维策略，慢慢地让脑海中的思想变得具体化，不断尝试肯定自己的观点，而不是无休止地提出更多的疑问。

心跳运动

人的心智之所以如前文所描述的方式运转，是因为其遵循着内心力量体现的规律：当一种内在力量处于活动状态时，上一层的力量必须停止活动，处于相对静止状态。只有这样，生命的活力才能在人体的不同部位间不停流转，并使人长期保持积极和健康的状态。

这一规律直接影响到人的行为以及驱动这些行为的情绪。如果人的思维长期处在积极的活动状态下，那么人的情绪就很难发挥作用。这一规律给人的启示是，有时我们有必要让大脑处于休息状态，这样身体才能从大脑所得出的各种结论中汲取养分。大脑思考得出的结果被称为"理性的外现"，其作用是引导人的情绪。为了释放情绪的力量，我们只能保留"理性的外现"，而不是理性活动本身。情绪是在理性活动之后才产生的，而不是在理性活动的过程中产生的。理性思维只有处于相对静止的状态，才能通过"理性的外现"对情绪产生实质性的影响。

脑力活动和体力活动之间的关系也是如此，这也是为什么在进行高强度的脑力活动后，我们会下意识地通过看电视或玩手机的娱乐形式分散自己的注意力，让自己的大脑处于放空状态。专注力需要付出许多努力，而人的其他力量会试图减少自己在这方面的努力，以便将生命活力引入其他方面。

灵魂力量的体现是一个分层和渐进的过程。此外，灵魂活力在人体内的运动方式还遵循"离散"和"回归"的规律。根据犹太心灵理论，灵魂并非寄居在人体内，而是通过其能量以光的形式照射人的身体。由于光的强度在不断变化，所以灵魂并非完整地存在于身体中，两者无法达到绝对的统一，而是类似于人的心跳过程中心脏和血液之间的关系，在"离散"与"回归"这两种状态间不断切换。灵魂之光首先照亮人体的器官，然后离开人体，接着又回归，如此不断反复。

这个认识非常重要，因为这解释了人为什么始终处在被称为"心跳运动"的状态中。灵魂的光亮始终在运动和变化之中，因此人生注定跌宕起伏，有起有落。在经历了激动人心的超越和发现后，我们需要时间让自己安静下来，进入内敛和沉淀的状态。这种在进退之间不断变化的状态不但不是人的缺陷，反而能让人更充分地体验生命，并拥有更多的活力。

其实，大自然同样遵循着"离散"和"回归"的规律。冬季万物凋零，而春季到来时，人们才发现，大自然的生命力并没有在冬季消失，只不过是隐藏了起来，在春季又重新显现出来。或者说，为了在春季繁花盛开、绿树成荫，大自然必须在冬季保持沉寂，积蓄力量。

卢巴维奇拉比指出，人也同大自然一样。有时我们会错误地认为自己在某一时期缺少创造力而处于停滞的状态，但实际上，这一时期的人往往在积蓄能量，等待一个暴发的时机。根据这一理念，休息、收缩和经历挫折也属于同样的情况，都是为了让人积蓄能量，提升自己的能力，等待机会打破僵局，最终获得突破性进展。同样，在人们清晰理解事物和有所发现之前，必然会经历一段迷惘和困惑的时期，我们一定要正确地看待这些情况。

这一规律不仅适用于解释理性和情绪之间的联系，还能解释人的其他各种力量之间的关系，比如理性和欲望的关系。在哈西德理论的分层理论中，欲望处在理性之上，所以，人只有在平息自己的欲望时，理性才能真正发挥作用。

当人拥有一个或多个强烈的欲望，理性就难以发挥作用。要想实现理性的力量，人就必须停止上层的内在活动。显然，一个拥有强烈欲望的人不可能进行冷静的思考，他不断想象着自己的欲望得以实现的样子，难以专注地运用自己理性的力量。为了更好地认识现实，他必须控制欲望的扩散，保留足够的内心空间。

通过对这一规律的解释，我们能够理解一些内在力量无法发挥作用的原因，这同样也是我们无法进行创造性思考的原因。下一章我们将详细讨论打破内心边界、发挥创造力的问题。

如何通过抽象化和具体化思维实现创造性思考？如何发现隐藏在事物背后的本质？应当采取哪些方法来实现自己的想法？在不同阶段我们应该向自己提出哪些问题呢？如何确定自己给出的答案是正确的？

我们将在下一章进一步讨论如何实现心智的潜能，并提出另一种视角来理解大脑进行创造性思考时的运行方式，这种视角能帮助我们更好地审视大脑活动的不同层级。

在后续讨论创造性思考内心活动和基本假设的章节中，我们还将在犹太心灵理论的基础上提出创造性思考所需的条件。此外，我们还会介绍人们在进行抽象化和具体化思维活动时需要向自己提出的一些重要的问题。

第二节

物体静止、植物生长、动物活动和人类言说

我们已经明确了创造性思考的目的是充分实现人的潜力，增强生命的活力，但在现实生活中，我们习惯将名声和成功作为判断创造力的标准。普通人往往在具有跨时代意义，甚至彻底改变了人们生活习惯、行为和工作方式的产品中感受到创造力的存在。在产品研发上，以色列在全世界都拥有较高的地位，但客观地说，不管在哪里，产品本身并不能很好地展现其背后所蕴含的创造性思考过程。

很多时候，极具价值的思考过程并不一定能带来快速的成功，其结果有时需要经过漫长的时间才能被人们发现和认可，有时这些成果只能启发和帮助其他人研发出成功的产品。另一方面，有些人提出的想法毫无新意，但由于他们懂得如何迎合消费者，遵循一些特定的模式，反而能够在短期内获得所谓的成功。那些终其一生在某个领域寻求突破的人往往很难在短期内有所建树。奇普·希思在《行为设计学：让创意更有黏性》一书中提到的一个广告行业的研究表明，大多数获奖的广告都遵循共同的原则，可被归入为数不多的几种模式中。

在作者看来，这恰恰说明成功的广告并不一定真的很有创意。

为了说明创造力不等同于受欢迎程度，《革马拉》讲述了希亚拉比和阿巴胡拉比的故事。有一次，这两位拉比碰巧在同一个地方讲学。希亚拉比讲的是哈拉卡[①]，阿巴胡拉比讲的是阿加达[②]。当希亚拉比的听众得知附近有人在讲阿加达时，纷纷离场，来到阿巴胡拉比的讲课现场，因为阿加达的内容更加轻松和有趣。希亚拉比为此感到很难过，甚至觉得受到了羞辱。阿巴胡拉比知道后赶紧来安慰希亚拉比，对他说："我跟你讲一个故事。曾经有两个人，一个卖宝石，一个卖缝纫用品，你猜谁的买家更多？当然是卖缝纫用品的，因为他卖的东西便宜，人们都买得起。同样的道理，在讲学时，你谈论的是至关重要的大事，愿意听的人自然少，我讲的是鸡毛蒜皮的小事，愿意听的人自然多。"

成功和名气取决于许多因素，包括毅力、决心、信心、时机、文化适应度等，我们会在后文中对这些因素进行逐一分析。这些因素都是创造性思考的重要动力，但成功只是创造性思考可能带来的一种结果，而并非创造性思考的本质和根本目的。为了更好地区分和理解不同类型的创造性思维活动，我们有必要再次对理性的作用进行分析，目的不是关注理性思考的结果，而是区分不同思考形式在实现心智潜能上的区别。

---

① 哈拉卡是犹太教口传律法的统称，词根在希伯来语中是"行走"的意思。
② 阿加达在希伯来语当中是传说和故事的意思，是《塔木德》和《米德拉什》等拉比犹太教经典当中的民间故事、历史趣闻和道德劝诫。

思维活动的分层

犹太心灵理论认为人脑的思维活动可以分为不同的层级，也可将其视为创造性思考的步骤或等级，它们能够帮助我们更好地分析和评价我们创造性的思维活动。

犹太经典著作采用多种方式深化人们对人脑的理性思考能力及其运作方式的认识，其中最普遍的方式就是前文提到的将大脑能力分为智慧、知性和观念这三个方面。智慧代表创新的能力，知性代表理解和扩展思想的能力，观念代表人不断靠近其试图理解的事物的能力，从而产生对这一事物的情感和态度。另一种认识思考能力的方式是通过观察思维活动的本质特点来对思维活动进行分类。这种方式与上一种方式并不矛盾，只是视角不同。这种分类有助于我们更好地观察和分析自己的思维活动。

犹太人认为思维活动一共可分为四个层级，从低到高分别为"物体静止""植物生长""动物活动"和"人类言说"，下文有时将其简述为"静止""生长""活动"和"言说"。这四个层次的区别是什么？犹太贤哲认为，人的身上具备世界的一切属性，既然自然界存在静止的物体、不断生长的植物、生息繁衍的动物和能够说话的人类，那么人自身也同样具备这些特点。对人而言，理性思维是最核心的一种能力，所以这四种特点也存在于人的理性当中，从而将人的心智活动分为静止、生长、活动和言说四个层级。接下来，我们将首先给读者分别介绍这四个层级思维活动的特点，然后结合不同领域的案例来分析不同层级思维活动的区别。我们选取的案例分别来自健康、情感和科研领域。在后文中，我们还将运用思维活动分层理论来分析在商业领域和社交网络的创新活动。

"物体静止"层属于实用型的思维能力，这种思维能力使人能够制造产品，不断提高某种技术，完成艺术作品，焊接物品或修理机器。有的人之所以动手能力很强就是因为他"静止"层的思维能力得以充分调动。如果缺少这种思维能力，那么人的实际操作能力会比较弱。假设让一位知名的工程学教授去安装一个宜家的柜子，他很可能因为缺少"静止"层的思维能力而需要花费较长时间。

一个平时笨手笨脚的人也能培养"静止"层的思维能力吗？答案是肯定的。就像其他能力一样，各个层级的思维能力都可以培养和发展，前提是人能克服各种障碍，努力去接近自己尝试学习的东西。

"静止"层的思维能力并不涉及创新，而是使用现实世界已经存在的工具去完成一些相对简单的任务。它类似于智慧同直觉的结合，或理性同绘画、建筑等具体技能的结合。人在自己的行业内拥有"静止"层思维能力越强，人们会认为他越专业，能把事情做得尽善尽美，展现出极强的工匠精神。"物体静止"层思维能力指挥人运用自己的双手，每个人都可以通过这种思维来提升自己的实践能力。

为什么这种思维被划分到"物体静止"层？因为在这一思维过程中虽然存在灵魂的运动，但并没有明显的生命活力的迹象，只有具体化思考，而缺少抽象化思考。在这个层级上，人可以完成一些作品，但这并不能代表他真的能够理解并解释这个作品。他在脑海中的确形成了一个画面，并在这一过程中意识到存在的诸多可能性。这个画面能帮助他实现自己试图完成的工作。当拥有"静止"层思考能力的人面对一个任务时，比如，建造一个凉棚或缝制一条裙子，那么他能基于脑海中的画面找到具体的行动方案，形成搭建凉棚或缝制裙子的初步计划。这一层思考能力的重要性体现在脑海中的画面上，如果缺少这一画面，我们很难将思想转化为现实。

但是，这一层级的创造活动完全基于具体事物，因此本质上仍存在局限性。实用思维的结果可能非常了不起，能让艺术家或工匠名利双收，但这仍然是一种相对低级的思维活动，因为心智力量并未得到充分地展现。

更高层的心智活动是"植物生长"层。不同于"静止"层，"生长"层的心智活动明显存在生命活力的迹象。在这一层级，人们在真正地进行创造，而不是单纯展现自己的手艺，比如设计一个类似宜家产品的柜子，而不是简单组装这样的一个柜子。

为了创造或发明某样东西，"生长"层的思维活动需要首先认识"大自然和物体的属性"，即所创造之物各组成部分的属性和特点。这意味着它超越了实用主义的"静止"思维，抽象化的程度更高。这种抽象化思考主要体现在计划和创造上，而不是身体的实际运动上。尽管"生长"层的思维活动体现出一定的生命活力，但仍然具有局限性，人在思维上还没有完全脱离具体事物，没有进行高度的抽象化活动。

为什么"静止"和"生长"都属于较低的思维活动层次？

心智能力的本质属性是超越现实。客观来说，在自然界中，动物也具有一定的"静止"和"生长"能力，但人之所以是更高级的动物，之所以说"人的灵是往上升，兽的灵是下入地"①，正是因为人的心智具有超越性，能够超越现实世界的边界。人心智的超越程度越高，人的思维层级也就越高。如果人思考的都是物质性的东西，那就说明他仍停留在较低的层次，没有充分发挥心智的潜能，未能超越自己的五种基本感官能力。

一棵生长中的树当然具有一定的生命力，但它的生命力具有明显的局限性，因为其无法主动实现位移。同样，"植物生长"层的思维活动也缺少超越局限性的运动能力，无法开拓新的认知疆域，提升认知高度。但同"静止"层的思维活动相比，"生长"层又具有一定的超越性，因为其不再局限于简单实现一个想法，往往还能制定相对抽象的计划。

在这个意义上，一个能提出想法的人不一定能够落实这个想法。比如，也许他知道如何设计出宜家的家具，但缺少制造这个家具的"静止"思维能力，这一点在优秀的足球教练身上也体现得十分明显。优秀的足球教练对比赛的阅读能力很强，知道如何安排己方队员的进攻位置和防守区域，但他自己并不能上场取代球员。他的重要性体现为，一旦缺少他，这支球队就毫无创造性可言，因为他才是整支球队的大脑和灵魂。

可能出乎大多数人的预料，心智中的"动物活动"层不是用肢体制作东西的能力，也不是发现和理解所创造之物各个组成部分原理的能力，而是一种与语言相关的能力。当一个人能够说话，通过语言表

---

① 《传道书》3：21。

达和传递自己的思想，这就说明他摆脱了蒙昧状态。他对事物的理解并非一知半解，而是深刻到成为他意识的一部分。一个人越能用语言很好地阐述自己的想法，他同这个想法的关系就越紧密。

可能有人会问，为什么学习和传播思想能体现心智的超越性？为什么语言能力如此重要？为什么用语言表达事物表明一个人拥有更高层的思维能力？其中的原因在于，语言本身就是一种高级的能力，其展现的不仅是交流能力，还有"神圣智慧"。

"神圣智慧"是高于逻辑和因果推理的智慧，是一切发现的开端。在这一阶段，事物仍然凝聚为一个点，这是思维火花的内在来源。我们可以通过人学习说话的过程来更好地理解这种智慧。一个6个月大的婴儿已经能够发出所有的声音，具备了说话的生理条件，但当尝试说话时，他无法将各种发音合理地进行组合，因为他还没有发现崇高的智慧光点。将字母组合成单词是"神圣智慧"层面的高级思维活动。婴儿能够区分各种事物，但是无法说话，正是因为他还没能深刻理解这些事物，关于这些事物的知识在他大脑里还不够清晰。他能够区分不同的食物，但却说不出这些食物的名字，这些知识对他而言仍然停留在外部知识的阶段，而非被内化的知识。

语言能力取决于外部知识向内化知识转化的程度。一个学生饶有兴趣地听完一场完整的讲座后，他仍然很难重复讲座中的内容。即使他理解了所有的内容，但这些内容大多仍停留在外部知识的阶段。他在讲座过后能复述出来的内容越多，就说明他内化的知识越多。

我们也可以通过各个物种的特点和关系来理解"活动"层思维活动的价值。一般来说，动物的生命活力表现为对欲望的满足；植物的生命活力更为单一，不表现为欲望，而是表现为植物的生长。当我们将植物连根拔起，它就失去了生长的能力。植物的生长被限制在一个地点也体现了其接近无生命物体的属性。不同于植物，动物的成长不会被限制在某一个特定的地点，而是可以自由移动和迁徙。由于人的思维能力具有自然界的普遍特点，所以人的思维也像动物一样具有动态性，人的知识、见解、观点不会停留在个体的脑海中，而是可以通过人与人之间的交流实现移动，甚至通过不断分享和扩散而发展为集体意识。

通过以上分析我们可以看到，之所以将这一层级的思维活动称为"动物活动"层，正是因为其像动物一样通过活动来表现生命的活力，而人的语言交流能力与动物的活动能力具有很大的相似性。我们可以想象一位睿智的教授移民到一个陌生的国度，他完全不会当地的语言。受到语言的限制，他很难得到认可和尊重，也无法在重要的讨论会中发表自己的观点。从这个角度看，基于语言的"活动"层的思维能力是传播思想的基础，其层级明显高于"静物"层的思维能力。

最高级的思维活动是"言说"层思维活动。这里的"言说"所指的并非"活动层"的语言能力，而是指完全脱离实物进行"抽象言说"的能力。这一层级的思考尝试理解事物的精神性与最抽象和最内在的方面，而不是客观存在的物质本身。这种思维能力能够打破边界并跨越等级。由于这种思维能力关注的是事物本质，所以它并不害怕出现矛盾之处。人的心智活动越具有精神高度，就越能容忍矛盾的存在。这种抽象思维能力同其他层级的思维能力并不冲突，因为其善于发现事物的整体性和一致性，而不是事物间的区别。

"言说"层思维活动的最大优势在于理性很难被不良情绪限制和

影响。这种思维活动能够克服人的自然倾向，超越阻碍人打破边界的障碍。人不会受个人内在倾向或社会影响而对现实产生具有局限性的认知，而是能够看到自己和世界共同变化和创新的可能性。在犹太心灵理论看来，这一层级的心智活动正是创新思维的基础。这一层级的心智活动之所以被称为"言说层"，是因为言说是人区别于其他动物的特有属性。积极运用这种心智活动就意味着人在充分实现自己的心智潜能。

为了更好地理解这一层级的心智活动，我们将结合日常生活中的几个问题进行讨论，分析不同层级心智活动在具体案例中的表现。

"健康生活"的危险

对不同层级思维活动的讨论并不局限于学习领域和科技创新领域，也体现在更为私人化的方面，比如饮食和健康问题。现代人已经意识到不良饮食、缺乏锻炼和忽视心理问题所带来的健康危机，并采取了大量医疗性预防措施。关于自然饮食疗法的书十分畅销，各种流行健康生活法如雨后春笋一般大量出现，各种关于健康生活的研习班也层出不穷。殊不知，在迈蒙尼德看来，现代人对健康生活的追求方式其实隐藏着巨大的危险。为什么会这样？危险体现在哪里？

最新的研究表明，60%的糖尿病患者在确诊后会陷入抑郁。他们会不断问自己："为什么糖尿病会发生在我身上？""我怎么这么倒霉？""我该怎么办？""怎么可以改变自己多年以来养成的生活习惯？"这些疑问会导致他们产生不良情绪，对自己的健康造成负面影响。这些问题也揭示了人们追求健康生活方式的一个普遍原因：对失去健康的恐惧。

在这种心态下，人会担心自己，感到恐慌。作为补偿，人们总想让自己看上去更完美，希望自己长命百岁。但这种心态很多时候伴随着情绪方面的风险。当人把自己置于世界的中心，只想着自己，希望自己能美丽、英俊、苗条和有魅力时，人就会逐渐被自己的外表和饮食等外在事物所奴役。如果说精神性的追求能让人变得更有包容心，那么对外部性的追逐则会带来相反的结果，加剧人与人之间的分歧和争斗。这一点尤其表现在那些无法忍受他人不同于自己的人身上，比如，一个人认为保持身材很重要，那么他就难以接受自己的孩子或配偶发胖一点，简单来说，他受不了自己发胖，也受不了别人发胖。在他看来，肥胖是一种巨大的缺陷。同样，由于这类人的存在，在素食和原始人饮食法之间的选择以及要不要接种疫苗等健康问题也成为一场人与人之间充满负面情绪的消耗战。

当人只考虑自己以及自己的健康，他也许会严格地控制自己的饮食，这对身体当然有利无弊，但他在情绪上将付出巨大的代价。毕竟，检验一个人的情绪是否健康的标准在于他能否接受与自己相左的观点，根据这一标准，现代人在健康意识上是失败的。

上文的分析并不是为了得出注重饮食和锻炼身体不重要的结论。相反，犹太人非常鼓励人们保持身体健康。迈蒙尼德很可能是犹太历史上最提倡饮食和强调健康意识的贤哲，在他里程碑式著作《密西拿托拉》的序言当中就提出了健康饮食和心理健康的重要性。但在他所热衷和提倡的健康生活背后存在一个更为深刻的动机，他在书中写道："如果一个人根据医嘱行事，一心想着自己身体的健康……这并非正确的道路。"

那么，什么才是正确的道路？在这方面，思维活动的四个层级能够帮助我们在健康饮食、锻炼和预防疾病方面进行创造性思考。通过对不同层级的分析，我们将明白什么是迈蒙尼德所认为的正确道路以及追求健康生活的合理动机。这也是"言说"层思维活动的产物。

在第一个层级，即思维活动的静止层，人们能够听取营养师的意见，采用适合自己的饮食方式。他甚至能非常严格地遵守医嘱，只吃有益于自己健康的食物。这个层级的心智活动具有明显的实践性，为了让食谱不显得过于单调，他会想办法把这些食物做得更精美。为了坚持适合自己的饮食规则，他会投入很多时间、精力和金钱，比如购买一个最新款的料理机，搭配各种不同的水果榨果汁，以替代之前常吃的蛋糕和甜点。

在生长层心智活动下，人不但知道哪些是自己可用的食材以及如何将这些食材制作得更加精美，还能从原理上掌握这些食物和身体机能之间的关系。因此，他不仅知道哪些食物对身体有害，还知道为什么有害。他知道维生素和矿物质的作用，以及通过哪些途径可以摄取这些有益人体的微量元素。他不仅能够遵守食谱，还知道哪些食物搭配起来食用更加健康，应该什么时候吃以及吃多少。他懂得如何独立制作每日的食谱，以增强身体对维生素和矿物质的消化和吸收。简而言之，这个层级的心智活动不但关注具体实践，也涉及在对食物理解的基础上的饮食规划。

在下一个层级，即心智的活动层，追求健康者不仅知道如何在深刻理解自己的身体、需求和消化等方面的基础上制作适合自己的每日食谱，将这些原则内化为自己生活的一部分，还能够描述、解释和推广这些思想和理念。他不是似懂非懂，而是能够深入浅出地向家人和朋友解释合理饮食和健康生活的内在价值，让他人接受和采纳这些方法。他绝不会说教，更不会强迫他人接受自己的观点，因此不会让人产生反感情绪。他会在包容和接受他人的前提下提供替代性方案。当然，为了更有说服力，他必须首先让自己坚持这些健康的原则。

选择健康生活的最高境界是通过言说层的心智活动。在这一层级，人试图深入理解饮食的目的，以及为什么要选择健康饮食。这看上去似乎没什么需要思考的，这当然是因为人的身体需要健康的食物，这个问题在第二层级的心智活动中已经得到清晰的答案。但在言说层心智活动中，人们会尝试审视健康饮食在"分辨工作"中的作用，或者说，健康饮食如何能帮助人们分辨善恶。这时，饮食和健康不再是个人生活中的一个具体领域，而是其使命的一部分。

第四层级思维活动的认识显然更加深刻。实现这一点的方式是不断通过抽象思考和自我提问的方式来认识自己内心深处的真实意愿。一个人在这个层级思考得越清楚，他就越能创造性地完成前三个层级的思考和实践活动。迈蒙尼德指出，第四层级能为我们提供追求健康饮食最合理的动机。他写道："他将明白，保持身体的健全和强壮是为了让自己更好地认识上帝。如果食不果腹，身患疾病，或某处感到疼痛，那么人就无法看到和理解任何智慧。"

也就是说，迈蒙尼德认为，人之所以要保持健康，并采取健康的生活方式，不是为了让自己变得更漂亮，而是为了拥有发现世界结构和让自身与上帝相关联的能力。如果一个人身体羸弱，他在学习上就很难深入，也难以拥有创造性思考的能力。身体上的疼痛会让他难以为自己的生命注入活力。迈蒙尼德所说的智慧不是实现目的的手段，而是目的本身。

总之，迈蒙尼德认为深入思考如何保持身体和心理的健康是犹太教的基础，身心健康在犹太教中的重要性源于人在世界上的职责。人必须具有辨别善恶、是非、真理与谎言的能力。施奈尔·扎尔曼拉比曾说："人在世间的主要工作就是分辨善恶，需要一次又一次地分辨，而分辨的依据是智慧……"人有责任审视和控制自己的所思、所见和所为。同理，人必须关注自己的饮食。在犹太学者的观点看来，人进行选择和保持清醒的能力是最大的善，也是人追求身心健康的最合理的理由。选择健康生活在一般意义上能让人变得更加专注，学习更多的内容，并发现和实现自己的能力。在更深的层面上，这一选择有助于人实现自己在这个世界上的使命。当一个人不再专注于自己的利益，而是关注使命，那么健康饮食也成为人完成使命的一部分。这时，人就不再需要强迫自己吃健康的食物，遵守这些饮食规则也会变得更加简单和自如。

应对糖尿病

高层级的心智活动对人们日常生活的各个方面也会产生更大的影响。比如，当一个人得知自己患有糖尿病，他必须同时在四个层级进行思考。在第一层级，他必须知道如何调整自己的饮食结构，哪些食物适合自己，哪些食物不能吃，以及应当在什么时候进食。

在第二层级，他将深入理解关于糖尿病的各种知识，比如糖尿病的病因是什么，糖在人体中发挥什么作用，哪些食物会给人体带来危害，为什么会产生这样的危害，以及哪些食物有益于人体健康。他试图获取所有关于这种疾病的知识，并不断寻找自己在知识上的空白。如果缺乏对疾病和自己身体深刻的认识，他将对自己的生活和饮食失去控制，无法遵守健康饮食的要求。

在下一个层级，他将懂得如何将健康饮食的信息传递给身边的人甚至是陌生人，加强他人对糖尿病的警觉和对病因的关注。

作为最高思维层级，言说层能够将其他层级的思维活动有秩序地整合在一起，并为其他层级的思维活动提供动力。在这个层级，一个人意识到"分辨工作"的重要性，明白自己在世界上的根本职责。在得知自己患有糖尿病之后，他不会感到悲伤、失落、焦虑或抑郁，因为他知道，这个疾病并非针对自己。为了实现自己在世界上的使命，他必须努力控制这一疾病，注意自己的饮食、进食时间、食量以及给孩子准备的食物。

第四层级的这种使命意识能够帮助人们超越自我的局限并激发内心深处的喜悦感。人可以用理性控制自己的情绪，不再被本能和情绪所左右。人之所以会感到喜悦，是因为意识到糖尿病不但不是噩梦，还能促使他更充分地体验生命的过程。一旦缺少这种意识，人们就很容易感到沮丧、愤怒、紧张或缺少活力，觉得现实在同自己作对，拥有强烈的受害者心态。由于得病后不能随心所欲地吃东西，人们往往会感觉极度不自由。这种心态不但不能改善他的病情，还可能让病情进一步恶化。言说层思维活动则能让人富有创造性地进行颠倒思考，使人最终明白，自己的饮食是一种使命以及分辨世界任务的组成部分。在选择食物的过程中，他将发现食物的深层价值，将食物与自身提升到精神性和神性的高度。

这种意识在哈尼·维恩罗斯同癌症做斗争的过程中体现得特别明显。哈尼·维恩罗斯年仅34岁就因癌症去世。在她25岁时，作为一名拥有三个孩子的年轻母亲，医生突然告诉她只能活半年时间。但哈尼·维恩罗斯奇迹般地又活了9年时间。在这期间，用她自己的话说，她成为一个"抗癌明星"：她的个人博客很受欢迎，被成千上万的"粉丝"关注；她还通过写书、接受采访和办讲座向人们介绍自己同疾病斗争的独特方式。她传递的最重要的信息是：生命的质量并不取决于其长度，而是取决于我们能否充分地体验生命的过程。

维恩罗斯并没有把癌症当作一场灾难，而是当作帮助她发现自己力量的一场救赎，让她看到生命中或大或小的事情的价值。她说："这一救赎并没有让我感到绝望，我的生命也并非只剩下一些小事值得开心。相反，这场救赎让我睁大了双眼，既能看到小事，也能看到大事。"她所谓的"大事"指的正是自己的使命。用她自己的话说，这9年当中她所体验到的人生比以前18年甚至24年还要丰富。

情感的四个层级

思维层级对人日常生活的影响也体现在情感方面。当前，全世界的离婚率都在不断攀升，以色列也不例外。在以色列，每三对夫妻中就有一对离婚的。意大利、瑞典和英国等国的离婚率更高。用犹太教的观点来看，离婚并非始于法院或拉比的裁决，而是始于夫妻之间心理距离的渐行渐远。很多时候，人之所以会离婚，主要是由于缺少内心的修炼，不知道该如何解决夫妻间出现的隔阂。根据犹太心灵理论，创造性思考能够帮助人们利用思维层级概念来增强情感关系中的创造性，并能更好地判断维持一段感情的可行性。

犹太心灵理论的一个基本观点就是，爱情和感情并非可遇而不可求，也并非注定难以持久，这一切都取决于个人的选择。为了让爱情长久，夫妻双方必须付出努力。最主要的努力在于内心审视，运用各种方式调动自己的心智力量来激发自己对对方的情感。一旦缺少这种审视，两人之间必然产生隔阂，以至于在一段时间过后会怀疑为什么要和对方生活在一起。这种隔阂最终会导致他们无法在自己选择共度一生的人身上发现任何爱和吸引力。

产生情感隔阂是人的自然倾向的产物，这些自私的倾向和品质让人以自我为中心，不断问自己这一类问题："这是一段正确的感情吗？""对方真的适合我吗？""我是不是值得拥有更美好的爱情？""我为什么会同这个人结婚？""如果和其他人在一起，我是否会过得更幸福？""为什么我的另一半收入那么低？"从这些问题中可以看出，自然品质总是让人关注对方的缺点，并不断用理性分析让自己相信，在另一个时间和地点有一段更完美的感情在等待着自己。

不同于此，对情感关系的审视则能够激发积极的情绪，让两人变得更加亲密，强调这份感情对自己生命的重要性。在这个过程中，创造性思维发挥着巨大的作用，我们将用思维层级概念来分析这一作用。思维层级也可以对应情感的不同层级，犹太心灵理论对情感关系有很多分类，但总体上可以分为以下四个层级，从低到高分别为：行为投入、爱与接受、交流，以及忠贞不渝。当人更深入地审视自己的感情时，情感的层级也会不断地上升。

情感的第一个层级对应的是思维活动的第一个层级，即静止层。在这个层级，处在情感关系中的个体明白自己要为对方付出，所以他们会一起度假，给对方送礼物，主动通过各种新奇的方式给对方带去惊喜。但正如著名情感和家庭关系专家以斯帖·珀尔所言，这种关系是建立在距离感和神秘感的基础上。在这个情感层级上，夫妻之间存在相互吸引力并不是真的由于相互需要，个体也不知道如何战胜愤怒、压力、创伤、依赖和其他不良品质。这些情绪状态必然导致双方产生隔阂，出现活力、新鲜感和吸引力的匮乏。他们对彼此的喜爱和欣赏依赖许多外部条件，如果不向更高的情感层级跃升，那么感情就无法长期维系。但是，即使他们的情感层级得以提升，在这一情感层级中表现出来的许多积极行为也应当得到肯定和坚持，比如定期给对方送礼物。

在更高的情感层级当中，他们之间出现了爱和接受，这是生长层思维活动的结果。犹太经典著作中有大量关于爱的论述，并将其细化为许多方面。但整体上说，爱能给我们带来安全感、稳定感、信赖感、责任感、忠诚感以及对未来的共同愿景，让夫妻之间的相互吸引力发生质的改变。

爱和接受虽然属于情感范畴，但都离不开理性。这些情感源于审视和学习。在生长层思维层级下，情感关系中的个体会尝试不断了解对方，让彼此的生活相互交融。他们既能看到对方的自然品质和缺点，也能看到对方独特的优点，而且更关注后者。在这一情感层级，双方每天都会重新选择爱上对方，不让两人之间产生隔阂并因此影响到自己的情绪。情感关系中的个体会不断提醒自己深爱着对方的这个事实以及对方对自己而言有多么完美，从而产生爱恋和接受的心理。

需要强调的是，爱和接受并非同一种情感。一个人可以深爱着对方，但并不接受对方，这主要表现为不给对方充足的空间，充满批判和不信任。这种现象在夫妻之间经常出现，而且可能是双向的。其实，尊重对方就意味着给对方空间，而一个人希望得到尊重就意味着他试图享有一定的空间。

尽管爱是美好的，但其重心仍然落在自己身上，而不是爱的对象。我爱对方，但我和对方之间仍然是分离的，所以，爱并不一定会带来相互尊重和接受。有时，虽然我们爱着对方，但我们认为对方存在观念上的错误，或只看到对方的缺点，于是很难全然地接受对方。只有当我们在心中给对方留出充足的空间，我们才算在真正意义上接受和尊重对方。这时，感情中的个体不再不断试图控制或改变而是尝试支持和提升对方，进而让对方更加信任自己。

第三个情感层级对应的是活动层的思维方式。在这个层级，情感关系中的个体不仅会对双方的关系进行审视，不断修复自己的品质，激发积极的情绪，还会经常向对方分享和倾诉自己的情绪、梦想和计划，不断通过表达自己的感情来强化双方的关系。如果缺少这种对话，那么夫妻两人都将会感到孤独，在某种意义上，在这种孤独的状态下，他们只是同自己想象中的那个配偶生活在一起而已。

　　最高的情感层级是忠贞不渝，对应的是言说层的心智活动。在这个层级，夫妻双方成为精神伴侣，在灵魂上彼此依靠。由于他们之间的关系是基于灵魂深处的依恋，所以他们不会认为自己在思想、言语和行为上是完全独立的个体，他们内心最深层的力量将得以激发，因此能基于此得到源源不断的活力。

　　在这一情感层级上，人会努力对自己的情感关系进行抽象化思考，明白感情的本质不在于自己，而在于两个人形成的共同体。因此，人不会只想着自己的利益，也不会纠结对方是否适合自己。人视自己为一个完美整体的组成部分，只有全身心地参与其中，才能使这种完美性在现实当中表现出来。

　　爱与忠贞这两个层级的区别不在于情感关系的特点，而在于产生的方式上。爱是一种基于理性的品质，必须经过理性的审视才能产生。而忠贞是源于智慧的光点，本质上是一种自我认知。正如所罗门王所说："愚昧人不喜爱明哲，只喜爱显露心意。"[1]这里的"明哲"就可以理解为智慧的光点。这种智慧光点尝试打破情感关系的边界，实现更高层次的合一。当达到这一层次，情感关系中的个体会发自内心地认为对方是最适合自己的人，只有与对方在一起，自己才是完整的。他还明白，如果对方或他们的情感存在某种缺憾，这种缺憾也源于自己内心的斗争，而这是一场无法逃避且必须胜出的斗争。

　　当夫妻间的关系进入最高的情感层级时，这种关系也会表现出具体化的运动趋势，即通过这一层级的审视来为更低层级的活动提供动

———————————

① 《箴言》18：2。

力，比如通过送礼物来给对方带来惊喜，从而避免夫妻关系变得冷漠而空洞。总之，在这一情感层级，人们将发现，相比外在的关系，灵魂上的交流更为重要，个体需要保持这种意识，不断加强夫妻间的沟通，才能维持亲密的关系。

产品研发中的抽象思维

前文的案例表明，没有哪种层级的思维活动是可有可无的。每个层级的思维活动都有其价值，都能引导和加强更低层级的思维活动。但另一方面，我们不得不承认，如果说低层级的思维活动是量变，那言说层思维活动发生的就是质变。在这一过程中，思维先进行了高度的抽象化，然后再通过较低层级进行了具体化。

为了更好地分析来自科技企业产品研发的案例，我们需要提供一些关于创造性思维的基本假设，在后面的章节中我们也会遵循这一模式。但现在我们需要强调的是，虽然产品研发要求人们在思维活动上高度务实，但这种基于实践的思维并非创造性思维的起点。

无论研发何种产品，都应当以言说层的思维活动为基础。2013年，以色列导航应用程序位智（Waze）被谷歌公司以10亿美元的价格收购。客观说，当公司人员最初提出开发这个导航应用的想法时，市场上已经存在很多导航软件。当时人们普遍的观念是，司机与交通环境具有天然的对立性，导航软件的目的就是克服各种困难将司机精准地从一个地方导航至另一个地方。但位智的研发者有着截然不同的看法，他们认为软件使用者有意或无意创造的信息具有重要的价值。

他们的抽象思考当中最具创新性的部分并非如何研发出更好的导航软件，而是认为关于道路情况的集体信息以及这些信息的自然流动能够彻底改变司机的驾驶体验和导航方式。这种逻辑所强调的是统一与合作，而不是隔离与疏远。如果位智的开发者当时武断地认为司机不会主动分享道路信息，他们就不会想到开发这个导航应用的点子。当他们发现万物之间的联系和统一性时，他们实际上是发现了事物的本质，这一切都是由创世的方式决定的。当人们在意识上发现事物具有统一的一面时，他们就可以对现实做出改变。通过这种反向思维，他们不再停留在较低层级的思维活动中，认为司机仅仅是希望拥有一个导航软件和三颗卫星服务的个体。如果缺少这种反向思维，人们便很难在科技领域做出重大创新，位智也无法给世界做出如此大的贡献。

静止层和生长层思维主要帮助人们进行具体的研发，理解现有科技存在的进步空间。研发人员通过静止层思维将科技、地图、营销手段等要素结合起来，从而实现最初的想法。缺少这些较低思维层级的具体化活动，这家公司也无法推出一款深受广大司机喜爱的产品。但通过抽象思维得出的那个最初的想法才是推动整个产品研发的动力之源，所以，我们首先需要思考自己能给世界带来些什么以及需要遵循哪些反向性原则。

另一个有趣的例子来自人工智能领域。以色列Mobileye公司的创立者阿姆农·沙书亚教授指出，人工智能能够取得突破性进展源于图灵测试的提出者艾伦·图灵。人们曾问图灵，电脑能否进行思考？然而，他却创造性地将这个问题转化为另一个问题：电脑能否模拟人的行为？通过这种思维转换，人们研发汽车安全系统等模拟人类行为的产品的大门被彻底打开。

图灵通过这种思维转换实际上降低了挑战的难度。在图灵测试中，人并不知道接受测试的是电脑还是人。沙书亚认为，人工智能的突破性进展正是源于这种对人与电脑之间相对能力的抽象认识。从这个角度看，电脑当然可以思考，就像潜艇可以游泳一样。一艘潜艇可以在大洋中遨游，但前提是有人控制它前进的方向。人工智能和自动驾驶的理念也源自人的独特性。机器永远无法取代人，但可以模仿人的选择模式。对人的独特性的认识，是犹太心灵理论的重要原则，也是创造性思考的基础。

本节提到的不同思维层级并非某些人的特权，而是每个人都可以采纳和练习的方法。不管是谁，不管在什么领域工作，都可以有计划地进行静止、生长、活动和言说这四个层级的思维活动。无论是个人还是整个社会，如果能够综合运用更多层级的思维活动，创造性思考的能力就越强，对心智潜能的发掘也会更为充分。

通过对不同思维活动层级的讨论，我们可以明白，心智潜力的发掘能够解决人和世界缺乏活力的问题，这也是当今最为普遍和严峻的问题。当个人在选择健康饮食、处理情感关系和研发科技产品时，思维活动能为个人注入生命的活力。

但我们还有一些没有讨论到的问题，比如，如果一个人不进行创造性思考，那么他的幸福指数一定会更低吗？他的生命会存在更多的局限性吗？如果一个人不充分发掘自己的心智潜能，那么他所获得的生命活力会更少吗？他会因此缺少对生命的渴望和激情吗？

下一节我们将继续讨论思维活动和生命活力间的关系。

第三节

获得生命活力

从犹太心灵理论的角度来看，创造性思维和心智活动的主要目的不是为了解决公司运营等具体问题，而是为了让人或人所处的组织拥有更多的生命活力，获得成功、解决问题或提高业绩不过是拥有更多活力的必然结果。

有了这种认识，我们就能更好地理解为什么创造性思维和潜力的实现有利于增强人和世界的活力。

世间一切皆有活力，但不同事物和活动中活力的强度是不同的。任何事物都需要一定的活力来维持其存在，包括石头、墙壁等毫无生命特征的事物；花草树木等植物能够生长，其拥有的活力明显强于没有生命的物体；动物能够四处活动，其活力又明显强于无生命物体和植物；人不仅能够移动位置，还能说话和思考，因此自身拥有的活力也最多。

活力的不同不只体现在不同的物种之间。同样是人，不同的人为自己生命所注入的活力存在很大的差异，即使是同一个人，在不同时期也会表现出不同的活力水平。我们醒着的时候拥有的活力明显多于睡觉时。智者形容睡眠是六十分之一的死亡，根据《佐哈尔》所述，其原因在于在睡觉时维持我们生命的活力水平更低。同样，当我们感到愉悦，或同家人一起跳舞时，我们的肢体所表现出的活力也明显强于我们在睡觉或在花园里从事枯燥的劳动时。

在人的一生中每时每刻都存在活力，但活力的程度无时无刻不在变化。我们可以将生命活力定义为个体在现实中展现出的内心力量的强度。我们展现的内心力量越多，我们对生命的体验就越充分，活力也越足。

根据这个定义，那么一定存在这种可能，即我们虽然活着，但由于我们向自己生命注入的活力太少，这使得我们如同行尸走肉一般，和死去没有太大区别。在这种不充分的生命状态下，我们缺少审视和思考的能力，无异于低级动物。和动物一样，我们到处游走，寻求自然需求和本能的满足，我们仍然会对不同的事情感兴趣，但并无法充分利用自己的内心力量，包括心智力量。另一种可能是，人也能成长，但这种成长往往十分缓慢，缺少质变。这样的人很难给别人带来惊喜，因为他总是原地踏步，不愿探索自己在其他领域的能力。他永远满足于现状，在活力强度上，他就像一株植物，处在植物的境界。在比植物更低的层级上，人连动都不想动，没有任何欲望和追求，宁可没日没夜地盯着电子屏幕。在活力强度上，这样的人基本处在无生命物体的状态。需强调的是，这里的层级所指的并非上一节提到的静止层思维活动的层级，后者是至关重要的心智能力。自然界当中有无生命物，人在思维等级上有静止层，人在活力强度上又存在无生命体境界，三者间存在联系，但属于不同的概念。

活力的大小是判断人处在动物、植物还是无生命体境界的关键。当我们处于很低的境界，我们虽然活着，却无法充分体验生命，某种障碍的存在导致我们无法发现内心的全部力量。

我们可以通过不同的演讲者来理解活力的价值。有时两个人讲的内容完全相同。一个人让听众昏昏欲睡，另一个人则让听众心潮澎湃。为何如此？因为后者在演讲中表现出更多的活力。可是有时，哪怕是同一个人，在一个场合的演讲能激发人们的灵感和兴趣，但在另一个场合演讲相同内容，听众的特点也大同小异，但这些听众可能不耐烦地等待演讲结束。造成差异的原因在于，在第一场演讲中，他不仅在表达之前准备的内容，还在重新感受、加工和理解这些内容，为这些内容注入更多的活力，这一切都能被听众感知到。后者则没有给听众带来任何活力。

可以说，我们为生命注入的活力越多，我们就会变得越有吸引力，成为更有趣的人，更多人希望靠近我们，而活力之所以具有吸引力，是因为它体现了内在之光，即我们的灵魂之光。

犹太心灵理论强调，世间一切都存在于人的灵魂当中。世界有日夜之分，人也存在白昼和黑夜两种状态。被光照亮的是白昼，缺少光的是黑夜。如果一个人缺乏灵魂之光，那么他将长期生活在黑暗之中。黑暗是灵魂之光未能充分显现的状态，这种生命缺乏创造力。当我们通过创造行为表现出更强大的内心力量，我们将一直生活在明亮的白昼中。

内在活力和外在活力

我们可以区分两种体现内心力量的活力形式。一种以非常外部和普遍的形式体现出来，犹太心灵理论称之为"灵魂之光"。另一种则以更为内在和个体化的方式体现出来。

让我们通过案例来理解这两种活力的区别。一家制药公司成功研发出一种对某种疾病的治疗非常有效的药物，刚刚被批准可以进行大批量生产，得知这一消息后，公司全体员工都欢呼雀跃，这是他们多年努力的结果，但不同的员工感到开心的原因不尽相同。负责市场营销的人之所以高兴，是因为他们相信未来这个产品会热卖，自己未来的收入将大幅提高。初级员工和公司后勤人员并不会迎来收入的提高，但由于全公司都沉浸在喜悦的氛围当中，他们的心情也很好，公司的成功和良好的氛围增强了他们的外在活力。公司的研发人员也因为收入可能提高而感到高兴，但他们表现出更强大、更深层和更个人化的活力，因为他们多年来的科研工作和对药理的探索终有所成。他们一直在尝试作出重大发现，理解药品在特定条件下的化学反应将对人体产生的影响。药品研发的成功给公司带来了外在活力，但内在活力始终属于那些研发人员、管理者和投资者，因为他们思考得最深入，付出得也最多。

同样，每当节日到来时，我们都能感受到外在活力的存在。节日的气氛让我们感到莫名的喜悦和振奋，这种活力无处不在，弥漫在大街小巷、节日夜晚的广播节目中和邻里的谈话里，这种活力并不一定能深入每一个人的内心深处。

　　需强调的是，外在活力非常重要，能激发人的灵感，促使人们行动起来作出改变。然而，外在活力的最终目的是让人产生内在活力。只有内在活力才能扩散到个体的全身。以节日为例子，一个人只有通过心智的努力来理解节日的本质，才能将外在活力转化为内在活力。他不断提出问题，尝试研究节日的习俗和理念，思考其本质以及自己同节日的内在联系。这种理解将渗透到他的内心力量中，并最终通过他的行为表现出来，比如，他可能会参加节日聚餐，利用假期好好休息，出门旅行，和家人一起享受美好的时光，而且这些行为并不是为了单纯遵守古老的传统或被动受到周围环境的影响，而是源于自己与节日的内在联系。一个人思考和审视得越深入，他为自己生命注入的活力就越多。

　　外在活力并不需要人们进行主动思考，就像在节日期间，即使不理解自己同节日之间的联系，我们也会自然而然地感到开心。就像那家制药公司的普通员工，即使不理解新药的原理，也会为此而感到兴奋。内在活力则需要人们进行主动思考，因为这种活力的产生及其向全身的扩散离不开理性的力量。因此，这种活力在人的头脑中表现得最为明显，在远离头脑的器官表现得相对弱一些。众所周知，当科学家做实验时，他的双手展现出的活力远远比不上他大脑的活力，因为双手虽然负责实验的具体操作，但大脑在思考整个实验的过程和原理。一位投资者进行投资，活力并不体现在他的资金上，而是体现在他所认同和采纳的投资理念中。这也是为什么智者在《米德拉什》中说，脚后跟是"人的死亡天使"。脚后跟明明支撑着人体的重量，为什么会被称为死亡天使？因为它离人脑的距离最远，能够接受的内在活力最少。当我们跳舞时，脚后跟受力很大，表现出极强的外在活力，但当我们运用心智力量进行思考时，脚后跟表现出的活力强度却最弱。

心智力量的改变作用

人的灵魂被称为"智慧之魂"，但心智并不是人的全部，因为除了心智，人还有情绪、欲望、冲动以及说话和行为等特质。客观来说，智慧的力量只是人诸多内在力量的一种，但人的灵魂被称为"智慧之魂"，因为灵魂的特点主要通过人的智慧的力量体现出来。智慧的力量是人最显著的特点。

通过心智的作用，人可以更加充分地体验生命，修复不良品质，为生命带来喜悦，激发积极情绪和抑制消极情绪。心智让人选择看待和理解现实的方式，使人拥有选择的能力，这种能力对人而言至关重要。如果意识不到心智的作用，不会运用心智力量进行思考，人就会被情绪、欲望和外部事物所控制，从而失去对生命的主导权。

人的灵魂也被称为"心智之魂"，因为通过心智的力量，人能够超越自己充满局限性的存在，从更高之处获得意义、价值和知识。智慧是人的活力之泉，是人体其他器官的活力来源。智慧是所有心智力量中最核心的力量，是其他力量的动力来源。

施奈尔·扎尔曼拉比在《塔尼亚》一书中写道：

来自灵魂的活力首先照亮大脑的心智，然后根据心智的特点和属性，照亮人的所有器官。所以，心智是人的活力之源。

如果理解了心智与活力之间的关系，我们也就能够解答之前提出的问题：如果一个人不运用心智的力量和创造性思维，那他会变得更不幸福吗？答案是肯定的。人能否幸福，很大程度上取决于能否通过思考而获得看待事物的新视角。

一个人可以仅仅让自己的生理需求得到满足，但很快会感到一种莫名的空虚感，负面情绪也会随之产生，因为灵魂中某些崇高的部分没有汲取到足够的营养。滋养灵魂的方式在于改变和提升我们看待世界的方式。生命的充实和喜悦程度取决于人对生命结构的理解，这种理解包括对万物变化的意识，以及人应当如何通过主动选择来影响和塑造现实，而不是成为受害者。然而，为了增强人的活力，单纯依靠心智的力量是不够的，创造性思考还要求人将心智中的活力扩散到所有器官和生命中的各个方面。人不仅要理解这些思想，还应当在日常生活中积极践行这些思想。

创造力从大脑向其他器官的扩散——以Mobileye公司为例

上文提到，不管是个人还是社会都存在两种活力，即具有普遍性的外在活力和具有个体性的内在活力。外在活力牵涉个人或社会的欲望及其满足程度，内在活力则取决于心智活动。当然，这里的心智活动并不局限于思考、审视和学习，还包括休息和放松。具体而言，内在活力要通过智慧、知性和观念这三种心智力量被传送到人的整个灵魂和身体。

智慧力量能通过缩小自我的方式来增加活力的强度。只有以"自我否定"的方式缩小为一个点，并做好准备接受新的知识和观点，智慧才能超越自身局限。实现超越后，智慧又会回到个体，并带来创新、发明和新的想法。知性力量增强活力的方式是对智慧得到的思想进行扩展和深化，并将其应用到不同的领域，使之前的思想得以发展。观念力量则通过个体审视的方式来增强活力，人在这个过程中会不断问自己，这些新的思想和见解同自身以及自己的生命和行为到底有什么关系。观念力量将智慧和知性得出的见解扩散到灵魂的各个部分，尤其是使之与人的情绪世界产生联系。正是观念的力量将活力从人的大脑输送到身体的各个部分，使这些见解成为人生命的一部分，驱动人不断改变自己和世界。如果这三种心智力量之间存在矛盾，那么人的活力和力量便都会表现得很虚弱。

Mobileye公司是一个很好分析活力流动方式的案例。2019年年初，Mobileye公司在驾驶辅助系统和自动驾驶的研发和生产上处于全球领先地位。如果仔细听一听该公司两位联合创始人的演讲你会发现，这两个人的关注点完全不同。兹维·阿伟曼在演讲中强调的是公司产品的安全价值。在他看来，减少车祸带来的人员伤亡是Mobileye公司的宗旨。当今世界每年大约有150万人死于车祸，这已引起各国政府、公司的高度重视，自动驾驶车辆是解决这个问题的最优方案。一些西方国家要求所有汽车生产商在新车上安装安全驾驶预警系统，这使得该公司的估值迅速增长。2017年8月，英特尔公司以153亿美元的高价收购了Mobileye公司。但另一方面，如果听一听阿姆农·沙书亚教授的演讲，你们会发现令他痴迷的是人工智能的发展以及人工智能给数学家和研发人员带来的全新挑战。

Mobileye公司的首席执行官、总裁和创立者兹维·阿伟曼主要负责人力资源、商业拓展和公司运营，在Mobileye公司被英特尔公司收购后，他就离开了公司。他的合伙人沙书亚教授负责产品研发。Mobileye公司从创立到被收购的19年中，两人都在各自擅长的领域表现出极强的创造性思考能力和创新能力。

可能有人会很好奇，两人当中到底谁对Mobileye公司的贡献更大。如果让商人来回答，他们一定会说是兹维·阿伟曼，因为他们认为Mobileye公司的运营和市场更为重要。如果让研发人员或科学家来回答，答案则可能完全相反。

如果采用犹太心灵理论所提倡的创造性思考，人们就不会问两人当中谁的贡献更大，而是他们以什么方式为Mobileye公司注入了多少活力。创造性思考是解决活力匮乏问题的方法，也是检验个人或组织创造性思考能力的标准。

显然，阿伟曼和沙书亚都为Mobileye公司注入了许多活力，一个依靠的是自己的知识和研发能力，另一个是通过运营、营销和管理。作为公司的管理者，他们都必须在各自的领域充分利用自己的三种心智力量。但是，如果我们将整个公司视为人体就会发现，沙书亚相当于公司智慧和知性的力量，通过思想创新和产品研发为公司带来活力，阿伟曼则相当于观念的力量，通过公司管理和运营将研发的产品同市场的需求进行匹配，并针对这些需求不断调整公司的发展方向，让消费者和投资者相信公司能够生产和销售成功的产品，从而将智慧和知性的力量创造的活力从研发部门传输到整个公司。

上文描述的过程就是创造性思考及其实现的过程。理解了这个过程，我们也就理解了增强活力、心智活动和创造力三者之间的关系。为了实现这一过程，我们需要采用一些基本假设，激发能够打破心智局限性的内心活动，从而更好地将我们获得的新思想和见解运用到实际的生活中。

第二章

逆向的基本假设

第一节

几乎无法战胜的智者之道

> 上帝在造人时让人直立行走，这样一来，人走在大地上能时刻仰望天空。
>
> ——梅纳赫姆·门德尔·施内尔松对他的孙子所言

"人们都说你是最聪明的人，那你能否告诉我，我将梦到什么？"罗马帝国最伟大的皇帝之一哈德良向以色列智者约书亚·本·哈纳尼亚拉比问道。

哈纳尼亚拉比怎样回答才能让哈德良满意？其实，在犹太文献中经常出现统治者、国王或大臣要求以色列智者解梦的叙述，其中最著名的非约瑟夫莫属。他曾为埃及法老和两位大臣（侍酒总管和膳食总管）解梦，而且他的预言全部在现实中应验。

但哈德良的要求更高，他没有要求解梦，而是直接要求他预言自己将梦到什么。显然，完成这个任务的难度比解梦要大得多，理论上只有先知才可能做到这一点。

约书亚拉比该如何回答？他怎么能知道哈德良晚上会梦到什么？如果他不是先知，他如何确定自己所言能在现实中应验？

尽管这个挑战异常艰巨，但约书亚拉比并没有推脱，也没有解释说犹太智者不等同于先知，自己并不能预测未来，而是直接对罗马皇帝说，他将梦到自己被波斯人俘虏，沦为看管猪圈的奴隶。

约书亚拉比的回答精准无比。听到这个回答后，罗马皇帝耿耿于怀，反复思考，到了晚上，他果然梦到波斯人和猪。约书亚拉比是如何做到这一点的？

如果完全不考虑当时的背景，人们很可能认为这只是哈德良同犹太智者之间的一次普通对话，毫无政治意味，他们两人一个是大国的领导人，另一个是犹太民族的精神领袖，地位上看似平等，但如果我们对历史背景稍做了解就会明白，两个人在地位上完全不对等，约书亚拉比当时肩负着巨大的责任，承担着巨大的压力。

其实，罗马皇帝根本不是真的在请教犹太智者，而是试图证明对方的无知。大约在这次对话发生之前的40年，许多犹太人被罗马人杀害，据传言死亡人数超过了100万，还有许多犹太人被俘虏、流放或沦为奴隶。犹太民族的精神和社会中心被无情摧毁，同样毁于一旦的还有他们的圣城耶路撒冷和犹太人的精神中心第二圣殿。

第二圣殿被毁后，当地的经济状况非常糟糕。罗马人对当地人征收重税，征用土地，针对犹太人的限制性法律也越来越多。因此，巴勒斯坦的通货膨胀严重，犹太人的购买能力急剧下降。

要理解当时罗马人和犹太人之间关系的紧张和敏感程度，我们不妨看一看在两人对话之后发生了什么。大约15年到20年后，犹太人又爆发了一次被称为"星辰之子"的大起义①，这次死伤惨重的起义持续了3年半之久，虽然最初取得了可喜的军事胜利，但仍然以惨痛的失败告终。"58万名犹太人在冲突和战斗中死去，因饥荒和战火而间接死亡的人更是数不胜数。"

作为当时犹太民族的领导人之一，约书亚拉比考虑的并非个人利益或自尊心，财富对他而言更是没有任何吸引力。他深知沦为奴隶后犹太人生活之疾苦，作为犹太民族的代表，他认为自己责无旁贷。在政治层面，他试图避免罗马政府颁布更多针对犹太人的不平等法令，减轻犹太人的负担，改善罗马皇帝对犹太人的态度，尽可能让犹太人能够在罗马帝国统治下保持自己的生活方式；在精神层面，他希望维持犹太文化的整体性，避免出现内部分裂或暴乱。这是约书亚拉比一直坚持的原则和立场，而且他一直致力于追求和平，不希望罗马和犹太人之间再次爆发战争。有人认为，如果约书亚拉比还活着，犹太人就不会爆发"星辰之子"起义，罗马人对以色列犹太人的态度也不会进一步恶化。

为了完成这个艰巨的任务，约书亚拉比极具创造力地运用了自己出众的智慧。作为犹太教希列派的继承者，约书亚拉比毫无疑问是犹太民族史上最具创造力的领导人之一。作为约哈南·本·扎卡伊的学生，他曾在埃利泽拉比的帮助下巧妙地将老师带出耶路撒冷城，使

---

① 巴尔·科赫巴率先起身反抗当时统治巴勒斯坦地区的罗马政权，于132年至135年发动起义，因此此次起义又被称为"巴尔·科赫巴起义"。最后以失败告终。

约哈南拉比有机会同罗马军队领导人韦帕芗谈判。由于当时控制耶路撒冷城的奋锐党人认为约哈南拉比的立场过于温和，为了能够见到罗马皇帝，他们只能另辟蹊径：根据犹太教惯例，死者要埋于城外，于是约哈南拉比假装自己死去，约书亚拉比和埃利泽拉比将装着约哈南拉比的棺材抬出城。出城后，约哈南拉比从棺材中出来，来到罗马军团的营地，向韦帕芗提出请求："请给我亚夫内①和亚夫内的犹太智者。"

　　约书亚拉比非常善于辩论。他同希腊人、罗马人、异教徒、犹太公会的长老以及埃利泽拉比本人都进行过辩论。他从来不是为了辩论而辩论，而是试图解决对于延续犹太人生活而言至关重要的问题。他在辩论时从来不会掺杂个人情绪，因此这些辩论不仅不会引发人们对他的敌意，还让他得到对手的尊重和倾慕。尽管他的辩论对手中不乏领袖和智者，但据说，那些人都不是他的对手。他还说，能够在辩论中战胜他的只有三类人：女人、小男孩和小女孩。正是这三类人教会他改变看待事物的方式，让他明白，创造性思维不是诡辩或寻找捷径，而是探索事物的本质和根源。

　　上文的描述充满对约书亚拉比的赞美，不禁让人对他特殊的领袖气质肃然起敬，但仍没有解释他为什么能猜到罗马皇帝会梦到什么。我们知道，约书亚拉比并不是先知，但他也绝不会信口开河，随意猜测，因为如果所说之话没有应验，那么他会激怒罗马统治者，给自己带来巨大的风险。尽管约书亚拉比是犹太历史上不可多得的智者，但

―――――――――
① 亚夫内是以色列地名，耶路撒冷被毁后，犹太学者在这里建立了经学院，保持了犹太教的延续性。

同他在其他辩论中的话语一样，约书亚拉比的回答并不只源于他出众的个人智慧，还基于更大的智慧，其中包括一些与人们的共识相反的基本原则、广博的犹太心灵理论知识以及对内在机制和内心运动方式的深入理解，这些知识都是实现想法必不可少的要素，共同构成犹太学者所提倡的创造性思考得以孕育的环境。

在回答过程中，约书亚拉比没有尝试取悦罗马皇帝，而是选择让他感到痛苦和不安，声称波斯人将对罗马人取得压倒性胜利。他还说皇帝将从一位无所不能的统治者沦为最低贱的奴隶，负责看管猪圈，这使得罗马皇帝不得不反复思考他的话，郁闷不已，最终在晚上梦到了同样的内容。约书亚拉比知道，梦在本质上就是人的思绪，当人入睡后，人的思绪仍在活动，理性力量难以对梦的内容进行干预。此外，不同于醒着的时候，当人在睡梦中时，理性和情绪不会无休止地处于斗争之中。正所谓日有所思，夜有所梦，人在晚上梦到的大多是白天难以释怀的内容。当然，有时人们也会梦到白天没有想过的问题，但这只是因为人在白天主动压抑了这些思绪罢了，而梦反映的往往是人在灵魂深处感到痛苦的内容。正如智者所言："梦向人展现的不过是他自己思考的内容。"

约书亚拉比的成功首先体现为他在回答过程中表现出的自信。如果缺少这种自信，罗马皇帝的内心也不会发生相应的变化。按照常理，人在陌生环境下的自信程度远远低于在熟悉环境中。约书亚拉比的行为则告诉我们，人有能力打破这一常理，自信从根本上源自内心的修炼。虽然圣殿已经被毁，他所代表的不过是一个惨遭压迫的弱小民族，但他仍然毫不示弱，不卑不亢，勇敢地展现出犹太民族的智慧。

犹太心灵理论最直接的依据是世界的结构和特征。约书亚拉比给罗马皇帝的回答以及在其他场合的对话正是这种智慧的体现。约书亚拉比在回答中所依靠的智慧并非只适用于他所处的年代，而是同样适用于当下。也就是说，这些原则以及约哈南拉比在辩论过程中给自己提出的问题也是进行创造性思维的必要前提。只要遵循他的方式，我们就可以在生活中的各个领域采用无限接近于犹太学者所提倡的创造性思维。

在下文中，我们将列举创造性思考的基本原则以及在思考过程中有必要问自己的问题。通过这些介绍，我们将明白，这些原则与"世界"所谓的原则为何以及如何呈现出完全对立的关系。这些关于创造性思考的基本原则和内心过程有助于构建进行颠倒思考的环境。我们也可以将这些原则理解为激励人做出创造性行为的思维模式或意识集合。当人以某种特定方式理解现实，他会在潜意识里建立起一个思维框架。同样，理解和运用犹太教神秘理论所提倡的创造性思维，要求人们能够理解和运用这些基本原则和内心运动模式，而不是采用与之相反的"自然"视角。

这些基本原则的一个共同点是，它们都试图发现世界和人的统一性，而不是其外部性和多元性。这些原则要求人们不再从外部去思考自己的生命以及身边的一切，而是探索内心的意愿，发现事物的内在本质。

第二节

发现内在愿望

什么是头顶的王冠？

创造性思考的第一个基本假设就是关于思考的动机的。不管做什么事，人首先要弄清楚戴在自己头顶的"王冠"是什么。在哈西德术语中，"王冠"代表着人的意愿力。或者说，抽象化思维过程的第一步就是弄清自己到底想要什么。在非理想的情况下，人会拥有多种相互冲突的愿望，所以根本不知道自己的内心到底想要什么。而在理想情况下，人是能够意识到自己最重要、内在和崇高的愿望。这一愿望能够让其他不重要和不那么长久的愿望失去力量。明确自己头顶上的"王冠"至关重要，因为愿望能引导人的行动。

在商业领域，"王冠"很大程度上决定了一个公司的面貌。毫无疑问，几乎所有的公司都希望能够盈利，在个人层面，公司的员工都希望获得名声、安全感和更高的收入。但如果一家商业公司将盈利定为主要愿景，反而难以实现。谷歌公司的愿景不是追求利润，而是实现知识的民主化；eBay公司的愿景不是追求利润，而是让所有人都能利用电子商务平台进行交易；苹果公司的愿景也不是追求利润，而是从一开始就希望让每个人都能拥有属于自己的计算机。

硅谷的传奇人物盖伊·川崎写过许多有关创新的书。他认为，创新就是发现意义，确定公司的核心愿景。公司的愿景必须超越个人的短期利益，这种愿景源于每个热衷于创造的人都会思考的一个问题：我们如何通过当下的行为改变未来的世界？

为什么明确自己的愿望如此重要？因为愿望是构建个体对环境的归属感的首要力量。当一个人渴望得到某件事物，那么他对这一事物就会产生一种归属感。如果缺少渴望，那么他与该事物之间将始终存在隔阂，无法产生联系，因为渴望如同一个人的导航系统，会向既定的方向引导人的精神力量。如果缺少这一导航系统，那么人永远不会偏航，因为其人生根本没有航线可言。

当一个人否定自己的个人私欲，或将这些次要的愿望融入主要而崇高的愿望中，他就会同他人和世界产生联系。当个人的愿望与更为崇高的愿望相联系，人就能发现世界的统一性。相反，如果基于利益的个人愿望无法同崇高的愿望相融合，人和这个世界就会产生隔阂，其将被禁锢在自己的私欲当中。

从创造力的角度来看，愿望的重要性在于能够凝聚人的内心力量。当一个人明确了自己的愿望，他就会引导自己的力量、智慧和情绪来实现这一愿望。否则，他的力量始终是分散的，不同甚至相互矛盾的欲望会将人向不同的方向拉扯，无法实现力量的聚焦。

为了更好地进行抽象化思考，人必须追问自己真正想要的是什么，为什么想要这样东西，以及这一愿望与事物本身的愿景能否融为一体。能够体现这种正确思考的典型提问是：我的内心有哪些愿望？我是否因为存在过多的愿望而缺乏聚焦性？在从事的事情当中，我是否拥有简单而超越个人利益的愿望？我是否由于愿望的缺失而导致力量的分散和损耗？我所拥有的愿望是否在不断变化，缺乏长久性？

对于公司来说，一个好的愿景也能够凝聚公司内部的各种力量，也可以引导公司的各项活动。假设一个员工通过群发邮件的形式提出了一个改进方案，另一个员工觉得这封邮件在针对自己，于是回复了一封针锋相对的邮件。这时，第一个员工应当好好思考该如何应对。他应当进行抽象化思考，首先要问自己此时的愿望是什么。如果他想维护自己的自尊心，或想向公司的全体人员证明自己，那他的应对方式一定不会高明，因为这没有任何创造性可言。由于缺少抽象化思考，那么他在具体化思考的过程中也无法触及事物的本质。他正确回应的方式应当基于公司的总体愿景，因为公司愿景从一开始就决定了他个人意愿和力量的展现方式。接受这一愿景能帮助这名员工避免在这一事件中受到伤害。

外在愿望和内在愿望

在明确自己愿望的过程中，我们需要区分外在愿望和内在愿望。每个人都拥有外在愿望和内在愿望。在犹太学者看来，成功、财富和事业都属于外在愿望。人都希望获得更多的财富，工作只是获得财富的一种手段。

人为什么会希望得到更多的金钱和机会？为什么人总想着实现利益的最大化？因为人们希望用这些外在之物来满足内心的需求。在更深层次，人们则希望发现自己的内在力量。人们为什么希望满足内心的需求？因为人们希望保持生命活力，更充分地体验生命。

当一个人为自己的生命注入了更多的活力，那他周边的环境会立刻感知到这一变化。人们会被他吸引，因为他变得专注、有趣、善于给予或从不说教。由于发现了更多的活力，他将成为一个自带引力的人。

可能会有人追问，人为什么希望更充分地体验生活？我们无法从外部找到这个问题的答案。也就是说，从利益和功利主义的视角根本无法解释这一神秘的问题。犹太教给出的解释是，这是出自人的内在愿望，每个人生而如此，都希望生存下去，并期望过得越来越好，当然，内在愿望也会有不同的表现形式。

外在愿望和内在愿望的最大区别在于，外在愿望往往处于不断的变化之中。一个人一会儿渴望成功，获得更多的收入，一会儿又可能满足于自己的经济条件，将目光转向其他方面。但人的内在愿望具有极强的稳定性，反映的是其灵魂的本质。

如果只看到自己的外在愿望，一个人或一家公司就无法随着环境的变化而不断调整和发展。在商业领域，盖伊·川崎列举过食品冷冻行业的例子。最初，这些公司在冬天到寒冷地区开采冰块。随着技术的进步，他们开始在工厂生产冰块，当时最大的问题在于运输，这也成为这类公司的主要任务。但时至今日，家家户户都有冰箱，如果一家食品冷冻行业的公司还将自己定义为冰块运输公司，就注定被"冰箱时代"淘汰。但如果这家公司将愿景定义为帮助人们冷冻食物，它就能适应技术的发展，发现自己从未改变的初心。

外在愿望背后往往隐藏着另一种意图。外在愿望并不排斥其他的愿望；内在愿望则关乎人的内心，会排斥其他愿望的存在，让人愿意为之付出一切。

但很多时候，内在愿望无情地被不断变化和具有迷惑性的外在愿望所遮蔽。如果只在乎外在愿望，一家初创公司的创始人在面对大量困难和挫折时会很快失去斗志，难以逾越这些障碍。一旦其发现其他外在愿望，如更快捷的盈利途径，创始人就会很快放弃之前的计划，不再尝试发现其内在愿望。如果能够意识到内在愿望的存在，并受其驱动，这家公司就会保持强大的动力和活力，并不断增强其内在力量，这样任何困难都阻挡不了其前进的脚步。同样，如果一位年轻人一心想着成名，而不去追求自己更深层的愿望，那么这个年轻人就会尝试走各种捷径，不愿付出努力。一名足球运动员如果只看到功成名就这种外在愿望，那他也很难取得实质性的进步。要想成为被各大豪门争相追逐的明星，他必须发现自己的内在愿望，发自内心地热爱足球，享受比赛，从而发展自己内在的力量。

内在愿望的发现直接影响到人的内在力量，主要包括理性和情绪。当一个人认清了自己的内在愿望，他才能真正理解自己追求的事物，不再需要任何他人的解释和启发，利用言说层的思维层次全面地把握事物的本质。

在情绪上，当一个人发现了内在的愿望，他会对该事物拥有强烈的认同感和归属感，不会轻易动摇。如果仅仅是一时兴起，人需要付出巨大的努力才能坚持下来。如果只停留在外在愿望，那么他就不会全身心地投入其中，而是会不断变换自己的努力方向，没有定力，不一会儿就想看看社交网络上有什么新鲜事。只有当他发现了内在的愿望，他才能驾驭自己的情绪，保持对目标的专注，不会将时间浪费在无关紧要的事情上。在情感上，如果一个人很在乎夫妻关系，他就不会同妻子没完没了地争吵；在教育方面，如果很在乎孩子的情绪，他就不会随意批评孩子，而是会尽一切可能避免同孩子发生冲突。只有发现内在愿望，人才能避免自己的力量被不重要的愿望消耗和分散。

想被世界认识，还是想影响世界

内在愿望与外在愿望并不矛盾。人可以追求财富和荣耀，但这不应该成为人的首要动机。在任何困难和外部条件下都保持对创造的执着，才是不断发展和拥有创造力的正确选择。

在这方面，《纳斯每日新闻》的成功就是一个很有趣的例子。纳斯全名是努瑟尔·亚辛，是社交网络上最成功的网红之一。他的脸书有超过1200万网友关注。他连续1000天上传一分钟短视频，内容涉及他游历的几十个国家和地区的各种主题。每个视频都被来自世界各地成千上万网友观看。

纳斯成功的原因有很多方面，包括他长期坚持更新、日复一日地辛勤工作、能在短时间内讲好故事、有较强的拍摄和剪辑技术、积极的态度、充沛的精力以及对网友的热情。但其中最根本的原因还是他将自己的愿望同他人的愿望相结合，这里的他人指的是活跃于社交网络上的广大网友。在节目中，纳斯曾向大家解释过自己工作的动力来自哪里，他承认自己并非毫无私欲，他很想成名，希望建立属于自己的庞大的粉丝群。在他看来，社会财富比经济财富重要得多。他认为，在这个社会，人们并不关心你是否有钱，但如果你能够改变他人的观点，你就是一个重要的人。但这些仅仅是他的外在愿望，在内心深处，他希望活得更充分，通过自己的努力影响他人，改变世界。因此，他放弃了高科技公司优越的工作，将自己的全部积蓄投入这个需要坚持不懈的项目中，一份不以金钱而以自我价值的实现为衡量标准的工作。

智者曾说："没有任何东西能阻挡人的意愿。"对这句话较为简单的解释是，如果一个人真心希望获得某样东西，那么他一定能实现。而根据哈西德理论，这句话还有另一层意思，即没有任何事物会阻挡人们拥有追求某物的愿望，或者说，没有任何事物能阻挡人们充分发现自己的内在意愿，这也是人们发现自我力量并在现实世界中实现愿望的第一步。

作为总结，我们需要强调，当缺少对内在愿望的认识，人容易产生过多的甚至相互矛盾的欲望，无法将活力输送到全身，难以拥有创造力，因此人很难打破自身的局限。

当一个人缺少愿望，或只存在外在愿望，那么他往往很难对自己从事的事情拥有归属感。一名员工或战士如果不知道公司或军队的愿景，就不会对公司或军队有任何归属感，也无法进行任何创造性思考。一名战士只有理解了自己的岗位和单位的职责，并认同这些职责，他才能进步，才能热爱这份事业，产生更多的活力。

　　如果缺少这种来自内在愿望的归属感，人就无法最大限度地发挥自己的力量，也无法将自己的力量凝聚在一起，用于实现这一愿望。当一个人将崇高的愿望融入自己生命中，他便不再会因为不重要和不长久的愿望而无谓消耗自己的内在力量。

第三节

选择正确的动力来源

你是否在实现自我？

当问过自己想要的是什么之后，我们还需要问自己为什么想要这种东西。是什么激起了这种愿望？是为了尊严、安全感、享乐还是其他原因？大多数人都认为最合情理的动力来源是实现个人利益、获得更高的收入或发掘自我的潜能。

我们还经常认为，收入是衡量自我潜能实现程度的重要标准，但事实上，即使我们获得了可观的收入，我们仍然不会感到满足。哪怕衣食无忧，但我们依然会认为，还要赚得更多才能发现真正的自我，最终感到满足。

还有的时候，我们并不认为收入有多么重要，而是将填补内心某种不满足感视为自我实现的方式。比如，孩子已经长大成人，经济条件越来越好，房贷马上就还完了，工作也很稳定，但我们的内心仍然不平静，渴望自我实现，因为我们突然发现生命是如此的短暂，再不行动起来就来不及了。于是我们想做一些真正有意义的事情，但又不知道什么是真正有意义的事情，困惑之中，我们尝试各种方法来填补内心的空白，比如环球旅行，或拥有一种非同寻常的新爱好。

犹太经典文献并不认为利益、收入甚至自我实现是正确的动力来源，而是提出了一个相反的观点。犹太学者认为，人有追求意义和自我实现的需求，这很正常，但总是问自己是否在实现自我价值，这也是一件非常危险的事情，很可能对人的情绪健康带来伤害。这样的追问会让我们的内心始终无法保持平静，让我们感到挫败、悲伤和焦虑。之所以如此，是因为这种追问会迫使我们从外界寻求解决方案，而自我实现无法从外部实现。收入的提高并不一定让人变得更幸福，更不能体现更高的自我实现程度。将收入作为自我实现的标准在大多数情况下只会让人对自己当下的收入感到不满，即便已经达到了之前设定的目标。人的内心仍渴望得到更多，外在的成就会让人内心的平静变得短暂而具有条件性。更糟糕的是，对生活的不满和内心的不平静会蔓延到个人生活的其他方面，影响到同配偶、朋友和孩子之间的关系。

"我是否在自我实现？""我赚得足够多吗？"这些问题更大的危险在于阻止人们进行创造性思考。这些问题将自我置于世界的中心，无法看到前进道路上出现的各种机会，难以看到世界和自己所做之事的本质。

自我实现的欲望看似积极，而且本书的前言和序言也提出，人要充分发掘自己的潜能，所以上文的观点似乎同这一观点相矛盾，但事实上并非如此。真正的自我实现取决于人能否从自我的世界中走出来，而不是沉溺于自我。只有忘记自我，人才能在真正高层次上实现自我。一旦陷入自我意识中，人进行创造性思考和实现自我的可能性就会随之降低。为了拥有健康的动力来源和正确的自我实现方式，我们应当尽可能避免向自己提出这些问题。

隐藏自我

当一个人习惯从自私的视角思考问题，那么外在世界和自我意识就会遮蔽世界的"内在要义"和人的真实愿望，使人失去寻找创新方式和全新视角的能力。

米德拉什中有一些讲述智者由于受到过高的礼遇而失去智慧的故事，其中有一个故事讲到犹太公会领袖和《密西拿》首席编纂者犹大·纳西拉比在希摩尼亚城发生的事情。他在访问这座小城时，当地人请求他推荐一名有才华的学者来这座城市当拉比，以发展当地犹太社团的精神生活。犹大·纳西拉比答应了他们的请求，派列维·巴尔·塞西拉比来到这。列维拉比是以色列的著名智者，深得犹大拉比的欣赏。

希摩尼亚城的人们非常兴奋，当列维拉比到来时，人们恭敬地出城迎接他，并为他做了一个很大的讲台，请他坐在上面。但殊不知，期望越大，失望也越大。人们向这位新来的讲道者提出了三个问题，结果他一个也答不上来。

他意识到问题的严重性，第二天一大早就来到犹大拉比那里。

但在同犹大拉比的对话中，他却非常轻松地回答了那三个问题。

犹大拉比问他，为什么当时无法这样作答。

西塞拉比说："他们给我做了个大讲台，让我坐在上面，这让我有些骄傲，智慧因此离我而去。"

这类故事告诉我们，一个人越在乎自己，越在乎别人对自己的看法，就越无法清醒而富有创造力地进行思考。他人的抬举和强烈的自我意识会让人失去创造力和智慧。

《塔木德》中关于约书亚·本·哈纳尼亚的一些记载则强调，约书亚拉比追求的永远是真理，而不是自己的荣誉或地位。有一次，在迦玛列拉比担任犹太公会领袖时，约书亚拉比在犹太历月份的划分上同迦玛列拉比出现分歧，这直接影响到赎罪日的具体日期。但迦玛列拉比坚持以自己的计算为准，还逼着约书亚拉比在自己认定的赎罪日那天来参加仪式，让所有人看到约书亚接受了他的权威，承认自己的计算是错误的。面对这种情况，约书亚拉比并没有自怨自艾，也完全不在意自己被羞辱，而是服从了迦玛列拉比的指示。后来迦玛列拉比再次羞辱约书亚拉比，并因此失去了犹太公会领袖的位子，约书亚拉比也不认为自己已经扬眉吐气，而是赶紧去安慰迦玛列拉比。

除了认可，私欲也可能影响人们对真理和创新的追求。犹太教中对个人利益的警惕可以在年份划分的传统规定中体现出来。为了让犹太教的阴历同阳历保持一致，每隔几年犹太人会增加一个亚达月，犹太公会一般在冬天快结束时讨论如何对年份进行具体划分，其间还会邀请不同背景的犹太人参与讨论，但有两个人绝不会被邀请：国王和大祭司。迈蒙尼德解释说："国王和大祭司都不能参加讨论，因国王的判断受到军队和战事的影响，大祭司会尽可能不将提斯利月放在寒冷的时候，因为在赎罪日仪式上他要下水五次。"

迈蒙尼德想说的是，在以色列，这两个人在年份确定问题上明显存在私欲。国王每年需要支付士兵的薪酬，如果一年被延长到13个月，他能省下一个月的支出。而大祭司则相反，如果将尼撒月推迟，赎罪日时天气会更冷，他在赎罪日行洁净礼时就更痛苦。

这条规定告诉我们，在这些细枝末节的问题上，智者们也明白，不管多么伟大的人都可能存在私心。一旦存在利益上的冲突，人心就会想着利益而不是真理。利益会局限人的视野，降低人的思考能力。

发现力量和使命

那么，在追求智慧和创造力的道路上，什么才是高质量的动力来源？

不可否认，大多数人都有欲望，都要维持生计，追求世俗意义的成功。但是这些因素不应该成为行为的主要动力来源。很多时候，当我们拥有正确的动力来源，这些功利的需求很自然地就能得到满足。

最正确的动力来源是通过发现自身特有的力量让世界变得更美好，这正是每个人的使命。约书亚·本·哈纳尼亚拉比在讨论任何事情时从来不问自己是否在实现自我，他一切以民族利益和个人原则为出发点，有着强烈的使命感。他的目标是实现自己的使命。

只有当人所追求的事情不是为了自己，他才更具创造性。所以，人不要问自己是否在实现自我价值，这样的问题只会遮蔽人的双眼，让人什么事也做不好。这些问题让人无法看到世界的本质，因为他将自己置于世界的中心。在这些问题的引导下，人只会尝试吸引他人的注意，而不是追求真理本身。

人应当问自己的问题是如何发现和发挥自己的力量。当一个人将在现实世界中以发现自身力量作为主要目标时，他便不会为自己的行为后悔，也不会找借口，更不会一切从个人利益出发。他希望付出努力，改变世界，从而发现自己的内在力量，在每一个当下完成自己的使命。

在某种意义上，过多地思考一件事情对自己的意义和价值的实现也是一件危险的事情，因为这会使人不知不觉又将自己放在核心地位，认为自己才是决定一件事情是否有意义和价值的关键因素。与此不同，使命是自己必须使用全部力量去完成的事情。比如一位父亲，如果总是思考如何自我实现，那么父母的职责以及如何在履行职责过程中发挥创造性在他眼中就会变得不那么重要。相反，如果他看到自己作为父亲的使命，并全然接受这一使命，他就会发现自己的行为充满意义，这种价值感并不基于他的主观决定，而是源于他对孩子需求的深刻理解。

源于使命和内在自我的动力能够开阔人的视野，避免不良思想对内心力量的无谓消耗。因为万事万物中都存在简单而普遍的意愿，当个人意愿与普遍意愿合一，人便能在任何活动和领域中获得成就感，包括为人父母、为人夫妻，甚至在做重复性工作这种看似平凡的事情中也会如此。在这种情形下，人在任何时候和地点都能自我实现，不再依赖外界的认可。通过与内在自我的连接，人将意识到自己在每时每刻都拥有职责，否则很难忠于自己的使命。

当人发现了自己的使命，连接了内在自我，人做事情不再是为了得到什么，而是单纯地希望完成这些事情，这是来自世界的呼唤，而不是对外在原因的考虑。他明白，自己必须将所有力量投入使命的完成之中，而不是追求认可或欣赏。

迈蒙尼德也认为人的行为不应当基于私欲。他认为人最理想的动力来源不是能够获得好处，或担心不这样做会承受某种风险。正确的动力来源是追求真理，他说：

> 一个遵守托拉和戒律的人走在通往智慧的道路上，不是因为世界上的外在之物，不是害怕邪恶，也不是为了得到肤浅的好处，而是因为这才是真理，这才是最大的好处……

当一个人不再沉溺于自我，而是不断前行，他就不会纠结于自我实现，反而会思考自己所做的事情。当他拥有使命意识，认为世界需要自己，他就会融入世界，而不仅仅关注自己的利益。这种情感会激励他更加坚定地作为，他的内心将会非常平静，没有任何缺憾。他在世界上找到了属于自己的位置，因此充满归属感。他的一言一行都将轻松且自信，他将全然投入当下的事业当中，超越个人的局限。尽管他不再权衡自己的利益得失，但往往能获得更大的成功。

什么时候退休？

我们还可以从另一个角度理解动力来源的问题。有时，为了更好地理解一件事物对我们的重要性，我们可以想象假设生命中失去这件事物会是怎样的情形，从而更清楚地看到它对我们的重要性。

为此，我们将从另一个角度提出同本章开篇类似问题：你的事业发展得很好，经过多年的打拼，你有了不少积蓄，可以满足自己各种合理的需求，这时，好朋友们都劝你停下脚步，好好享受生活。他们的这些建议可取吗？

从实现自身潜能和创造性思考的角度来看，这个问题的答案应当基于自己最初选择工作的主要动机。如果你工作就是为了赚钱，而自己现在身心疲惫，希望好好享用多年工作的积蓄，尽情地生活和旅游，那么你没有理由不退休。但是，如果你工作是为了发现内在力量，完成自己的使命，改变这个世界，那选择退休对自己和世界而言都是不公平的。曾经有一个人向卢巴维奇拉比请教了同样的问题，拉比给他的建议是不要放弃事业，只有选择坚持，他才能继续创造，继续影响他人。实现未来存在的种种可能性本身也是一种责任。

行为神经学家亚基尔·考夫曼博士曾指出退休的代价，认为这是人患老年痴呆症等疾病的主要原因之一。退休还导致患心脏病和抑郁症的概率上升，还会提高人的死亡率。当德国宰相俾斯麦最早提出退休金制度时，退休年龄和当时人们的平均寿命基本持平。如今，人的平均寿命已经远远高于退休年龄，人一生中无业的时间也变得越来越长。

退休的危险主要来自意义匮乏、孤单感、缺少认知刺激、抑郁和压力等社会心理风险。亚基尔·考夫曼博士最终得出的结论是，我们应当对医疗系统进行结构性改革，为公众提供的服务应当更多关注风险因素的避免和意义的重建。他说："主要的预防措施应该集中在社会心理因素上，尤其是就业因素，这些因素的影响力远大于疾病本身。"

同样，犹太学者在这方面也有着类似的见解。虽然世界各地规定的退休年龄不同，但犹太逊者非常苛刻地指出，人永远不能退休。随着年龄的增长，人可以减少自己的工作量，但绝不可无所事事。智者说：

> 如果失去工作，人应该做些什么？如果他有荒废的院子或田地，他就应当每周用六天的时间收拾院子，耕作田地，把这当作自己的工作……塔尔方拉比说，人不是病死的，而是闲死的。

从创造性思考和发掘潜能的视角，我们可以得出结论，不管从事什么工作，包括全职学习，都不能只考虑收入。这种单一的思维会限制人发现自己的力量，使人难以展现创造力，无法进入新的领域。这种思维还会使人非常狭隘地看待自己的工作。要想打破这种狭隘的视角，人必须具有使命意识，其动机必须是最大限度发挥自己的内在力量。

在上文中，我们提出了人在抽象化思考的过程中需要想明白的两个问题。第一个问题是，自己追求的到底是什么，这个愿望是否符合世界的普遍愿望；第二个问题是，自己为什么想追求这样东西。

我们认为，积极的动力来源不是个人利益，而是充分发现自身力量，从而更好地实现自己在世界上的使命。在发现自身力量的过程中，人能更好地认识自己，并拥有更多的生命活力。在现实中，不管在什么时候，人都拥有潜在的责任，当一个人不断减弱个人愿望的强度，他就越可能发现自己在现实中的责任和使命，拥有更宽广的视野，发现更多的智慧力量。

这两个假设与人的思维过程具有内在一致性。如果说抽象化思维是明确自己的愿望及其背后的原因，那么具体化思维解决的就是如何在现实中表达、发现和实现这一愿望。

第四节

人人皆为我师

战胜拉比的小女孩

我们在前文中提到过，擅长辩论的约书亚拉比一生中只输过三次，其中一次输给了一位小女孩。这个小女孩是如何战胜他的？一次，约书亚拉比走在田间小路上，一位女孩走到他跟前，说他践踏了庄稼。为了启发小女孩，他反问道：这不是一条路吗？这条路虽然穿过田野，但这条路被创造的目的就是让人行走，因此自己并没有伤害庄稼。小女孩回答说："田野里本来没有路，这条路就是像你这样的人走出来的。"

这个小女孩为什么这样回答？这个毫不留情面的回答，为什么战胜了犹太历史上最伟大的智者？

许多学者解读过这段对话。显然，他们之间争论的其实并不是田间小路有没有耕种农作物。有一种解读是，田野就是世界，许多成年人一直在世界上忙忙碌碌，四处奔波，忧心忡忡，无法享受田野带给他们当下的幸福，总是思考过去和未来。根据本书前文的理论，人习惯用左脑思考，无法活在当下。正是这种错误的倾向毁掉了田野，使人与田野中的种种可能性失之交臂。这个小女孩却主张活在当下，他让约书亚拉比停下来思考，反思自己在践踏田野中的那些作物。

约书亚拉比承认小女孩的观点是正确的，但这个故事中最关键的信息不是小女孩的话本身，而是约书亚拉比由此受到的启发。小女孩的回答让他开始思考自己的处境、角色和动机，从而实现了思想上的超越。

约书亚拉比能够仔细聆听小女孩的话，并承认她战胜了自己，这非同小可。这证明他具有极强的自省能力，随时留意自己经历之事所传递的信息，这正是抽象化思维的体现。

大卫王曾说："所有人皆为我师。"[1]对于这句经文，通常的解释是，我们从每个人身上都能学到东西。西缅·本·佐马在《先祖伦理》[2]的前言中写道："什么是贤哲？就是向每个人学习的人。"

犹太学者对这一经文有另一种解读，并将重点放到了"所有"一词上，在希伯来语中，该词的词根来自"普遍性"一词，也就是说，一个心智被启蒙的人明白，伟大的成就和深刻的理解不仅来自高处，也来自低处的大地，来自看似无法带来启发和创造的地方。这才是教育的本质，只有这样，我们才会真正倾听一位天真无邪的小女孩的

---

① 《诗篇》119：99。《圣经》和合本译为"我比我的师傅更通达"，根据上下文，本文采用希伯来语直译。——译者注

② 英文名为 Pirkei Avot。——译者注

话，并从中得到巨大的启发。

在这方面，摩西的父亲暗兰也是我们的榜样。正是他培养了以色列伟大先知和拯救者——摩西。

暗兰是以色列人在埃及为奴时期的重要人物。当时埃及法老下令："以色列人所生的男孩，你们都要丢到河里；一切的女孩，你们要留存她的性命。"①暗兰认为，如果生下的孩子可能被杀死，那就没有必要生孩子了，于是他决定与妻子约基别离婚，并将其驱逐。看到他这样做，以色列民族当中许多人争相效仿，抛弃自己的妻子。摩西的姐姐米利暗当时才5岁，当得知父亲的决定后，她立马提出强烈反对，认为父亲的决定比法老的法令性质更恶劣。她对父亲说，法老的法令虽然非常可怕，但只针对男孩，而你的决定伤害到的人既包括男人也包括女人。她还说："法老是一个邪恶的人，他的法令也许无法得到落实。而你是一位义人，你的决定必然得到落实。"

面对指责，暗兰并没有反驳女儿，也没有惩罚她，更没有置若罔闻，而是虚心接受了她的建议，改正了自己的行为。他站起身来，请回了妻子，其他以色列人也同样如此。

和约书亚·本·哈纳尼亚拉比一样，暗兰也承认自己5岁的女儿是对的，他们的共同点在于能够停下来思考，接受建议，从自己经历的一切事情中吸取经验和教训。

----

① 《出埃及记》1：22。

相左观点的价值

接受相左的观点不仅仅是一种丰富思想和学会倾听的技巧。根据犹太心灵理论的观点，在学习《革马拉》时，追求真理并非只有一条道路。也就是说，在讨论过程中没有绝对正确的道路，所有的观点，哪怕是听上去非常荒唐的观点，都有助于讨论和学习。即便是贤哲普遍不接受的观点，也存在一定的价值。

智者强调："就像没有一模一样的面孔，人的观点也是多元的。"只要是有人的地方，就会存在分歧。为什么世界上每个人都会拥有不同的观点和思想？观点多元化的意义在哪儿？

首先我们要明白，观点的多元是很正常的，也是非常好的。人从来不会介意朋友和自己长得不一样，他知道人的外貌生来不同。同样，我们也没有任何理由因为朋友的观点或行为与自己不同而感到生气。

在更深层面，观点的多元化有助于我们更好地认识每个人的价值。只有人与人之间相互弥补和配合，才能成为一个更为强大的整体。每个人都可以弥补他人某方面的不足，人与人之间在观念上的分歧能够帮助他们发现事情的本质，更好地认识自己。在犹太心灵理论当中，所有决定都是不同观点相互中和的结果，同理，创造性思考也需要不同观点的相互补充和碰撞。

智者还教导我们，只有通过这种方式人们才能认识到造物主的伟大。"人用模板造东西，每一个都是一样的；上帝按照第一个人的模样造人，但每个人都不相同。"

的确，所有的观点，包括看似很不靠谱的观点，都能帮助我们发现事物的本质和内在统一性。研究《塔木德》的著名学者亚丁·斯坦萨兹拉比指出，学习《塔木德》最常用的方法之一就是比较两种看似相互矛盾的学术方法，尝试思考采用某种学术方法的学者会如何评价另一种学术方法。通过这种方式人们会发现："学者在大多数问题上其实都能达成一致，他们之所以最终得出不同的结论，并不是因为他们采用了截然不同的方法，而是他们身上本来就存在一些无法证伪的假设和个人因素……"

因此，人们之所以拥有不同的观点，并不是因为个人做出了不同的选择，而是因为每个人本身都是不同的，都倾向于表达与他人不同的意见。其意义在于，通过对不同观点的审视，人们能够加深对事物本质的认识。正如贤哲所言："约拿伊拉比教导我们，《托拉》中的话并非真的由摩西直接从上帝那儿得到，而是可以进行不同的解读。"

相左观点的价值在刑法判决中也有所体现。世界上很多国家在审理刑事案件时都有一个特殊的环节，即鉴于犯罪时的情况，法官和陪审团所有成员需要一致确认犯罪嫌疑人不值得宽恕。

以色列著名的哈尼特·吉库斯被杀案就是这一制度的体现。几十年前，哈尼特在奥法基姆公交站失踪，后来警方找到了谋杀案嫌疑人，当事人也承认了自己的罪行，但后来他又否认自己犯罪，声称之前认罪是因为警方逼供。法庭接受了警方的供词，判处他无期徒刑。但在后续调查中，国家审计长确定他存在犯罪行为，但建议减刑，原因在于法官的意见不一致。根据这一制度，只有所有法官意见一致时，才能得到最终审判。

事后，以色列报刊针对该案件写道："司法部长办公室采纳了国家审计长的意见，对他进行减刑。对公众而言，这一案件中判刑与减刑之间的博弈，让很多以色列公众怀疑，他很可能因为莫须有的罪名坐牢很多年。"

迈蒙尼德对刑事判决的看法与哈尼特·吉库斯案不同，他认为所有的判决不能始于法官的一致意见，而应当始于主流观点和相左观点，这才是进行判决的前提，因为相左观点是通往真理的必经之路。

此外，敢于提出相左观点也是培养创造性思维的重要前提。历史上，希勒尔与煞买学派曾有3年的时间对犹太律法的解读存在严重分歧，但这种分歧恰恰增强了以色列人的创造力，培养了他们考虑相左观点的能力。当一个人努力理解相左的观点，他能对自己从事的事情产生更深刻的理解。他所处的现实能与他需要解决的问题融为一体，呈现出截然不同的面貌。

现在我们总结一下上文提出的重要假设：我们不能轻视任何人和任何观点。我们将在后文，即讨论内心运动的部分，继续讨论如何倾听他人的声音。

矛盾的统合

在这儿有必要指出，根据犹太学者的观点，进行创造性思维不仅要求我们接受外在的矛盾，还要统合内在的矛盾。人的内心本来就充满矛盾，有不同的观点、倾向和性格。如果我们不统合这些矛盾，那么很可能出现这样的情况，即人的心智引导人向一个方向，但人的内在倾向在朝相反的方向努力，这种力量的分散将导致他无法专注，也无法取得任何进步。如果一个人能够驾驭和承受这些内在矛盾，就说明他超越了心智和情绪的局限，同时也证明，任何矛盾的事物都具有内在的统一性。

可以说，心智活动的主要意义在于让人发现自身本质。人的本质就在于能够处理矛盾，这也是人的独特性所在。

心智活动越深入和细致，人就会得到越多的细节、观点和态度。肤浅的思考不会带来太多细节，也无法深入了解其他观点，因此无法使人或世界发生实质性的改变。人只有通过发现诸多细节，并看到所有不同甚至相互矛盾的细节都包含着真理，我们在现实中才能有新的发现。如果不能统合矛盾，人就无法成长，甚至会变得非常教条主义，无法看到现实世界的变化，难以发现相反事物的相同本质，也无法接受这些事物内部的矛盾。

在犹太观点看来，同人一样，现实世界也由相反的事物构成。根据犹太经典描述创世过程的"链状进程"，矛盾性是世界得以存在的方式，人身上的矛盾同样存在于世界。这些对立统一的关系包括：灵魂和身体、精神和物质、光和容器、无限与有限以及仁慈、爱和给予与削减和限制。

我们可以通过政治家的角色来理解这种矛盾的统一。一位优秀的政治家需要处理现实中的诸多矛盾，一方面寻求妥协，另一方面保持国家的平衡状态。也许他认为有必要维持政府收支，另一方面又承受着来自多个游说集团的压力。如果他只关注其中一个方面，则很可能走向极端。如果他能灵活地处理各种矛盾，权衡各方利益，发现不同力量背后的深层关系，那么任何一方的力量都不会让他感到恐惧。

之所以要将各种矛盾统合起来，主要是因为如果一个人无法认识和接受自身内在的矛盾，那他就无法发现自身的力量。在这种情况下，他只能放弃部分力量，意识不到不同力量的统一性，也意识不到现实世界中不同现象背后的联系。矛盾的统合能够帮助人打破心智的局限，让生命变得更为宽广，这也是人们发现世界真实图景的方式，从而保持同世界的连接，并改变世界。卢巴维奇拉比曾经举过一个例子，不管男人还是女人，都无法独自诞下后代，只有男女的结合才能产生无限的力量，实现生儿育女的行为。

生孩子并不需要太多创造性思维，但是如果想过上更充实更高层次的生活，人必须在思维上统合各种矛盾。如果一个人能够将相互矛盾的事物联系在一起，并容纳与自己相左的观点，那就说明他心胸宽广，心智的力量在引导他的前进方向，而不是在情绪和本能的作用下随波逐流。

只有人具备包容和统合矛盾的能力，动物、植物和其他被上帝创造的事物无法在情绪和智慧上做到这一点。

迈蒙尼德曾描述过人这种特有的能力。他认为，人之所以拥有这种能力，目的是认识"智慧的秘密"，即世界的内在结构。他说：

当仔细思考这个问题，会发现人拥有多种特有的行为能力，而动物和植物往往只有一种或几种特有的行为能力。椰枣树没有任何行为能力可言，只能结椰枣，其他植物和动物大体也类似，比如蜘蛛会织网、燕子会筑巢、狮子会吞食猎物，但仅此而已。人的行为非常多样，通过研究人的各种行为，我们最终会发现这些行为共同的目的，那就是利用头脑解读智慧的秘密，发现全然的真理。

统合相反事物在追求智慧的秘密过程中的重要性在于，当一个人认识到世界的对立和矛盾，或认识到自身的对立、矛盾和分裂，这并不会让他变得更加脆弱，而会激发他的内在力量，促使他在现实中实现力量的统一。通过创造性思考，通过翻转世界的图景，追求事物的本质，人终将发现，这些矛盾和模糊的事物并不能控制他，自己其实有能力将其统合在一起。通过这种统合相反事物的能力，他将明白自己拥有选择的权利，能够拓展自己生命的边界。如果无法统合世界和自身的矛盾，人的力量必将受到局限，无法充分在现实世界中得以展现。

第五节

零和博弈？无尽富足的意识

未　来

意识对创造力的影响有多大？如果一个人在意识上存在局限性，在情绪和心智上存在障碍，而且没有意识到这些障碍的存在，这个人能进行创造性思考并发现自己的力量吗？我们将在第三章详细讨论创造性思考和内心活动之间的联系，介绍实现创造性思考必须打破的心智障碍。目前需要解决的关键问题是，什么是实现创造性思考应当拥有的意识？

犹太学者认为，为了更好地进行创造性思考，人们应当拥有这样一种意识，即认为人的行为不是基于资源的稀缺性，人与人之间的关系也并非零和博弈。相反，人们应当认为这个世界是富足的，而且是无限的富足，这种意识本身能够帮助人们运用自己的能力发现世界的财富。

这种对许多思想流派产生深远影响的意识并非一种自我欺骗，也不是心理学上的自我赋权。在犹太人的观念当中，无尽富足的意识来自对未来图景的描绘。犹太思想充满了对未来的期待和渴望，不断畅想未来的样子，让当下的生活充满希望，这种思想对犹太人产生了深远的影响。

在《密西拿托拉》一书中，迈蒙尼德总结道，未来世界在运行方式上不会发生改变，一切都遵循创世纪时的规则。那未来将会是什么样子？显然，未来的世界会更为富足，人的内心会变得更平和，人的品质会变得更好。他写道："到时候，世上将没有饥荒、战争、嫉妒和竞争，一切都被善意支配，美味佳肴就像灰尘一样普遍……"

先知玛拉基对未来富足的描述更有画面感：如上帝承诺，他将敞开天上的窗户，"倾福与你们，甚至无处可容"①。未来的粮食会如此之多，以至于粮仓都无法容纳。智者说，未来是如此富足，以至于人的嘴唇会因为不停地说"够了"而感到疲惫。

先知和智者对未来的描述有两层意思，第一层是强调富足感，未来人会感到极其富足，这种感觉并不来自人无所不有，而是人觉得自己什么也不缺，这种感觉源自内在的意识，属于精神层面，其对人的重要性远远高于物质层面，毕竟，决定我们意识的因素不是物质，而是精神。因此，一旦拥有这种精神，人就不会有缺憾感，错误地认为自己处于某种匮乏状态。先知和智者对未来描述的第二层意思是，人的确会变得非常富足。智者说，"以色列所有不结果的树都将结满果

---

① 《玛拉基书》3：10。

实"，连树干都会变得可以食用。他们还说，植物的生长速度会快得惊人，每天都能结出新的果实。智者所说的果实代表的就是世界的富足状态，这种富足能够使人免于谋生的忧虑。

富足的这两层意思描述了犹太信仰对美好未来的理解和期望。但在犹太学者看来，这不仅仅是对未来的期望或犹太民族在历史长河中生存下来的力量源泉。未来的很多方面在当下已经存在，就体现在我们的现实生活当中。也就是说，此时此刻我们就能感受到这两种意义上的富足。这个世界充满了美好和可能性，只是这些美好有时处于隐藏的状态。一方面，这种意识能够让人的生活变得更加美好和充实；另一方面，这种意识的确能让人的生活变得更加富足。人的富足在很大程度上取决于人的创造力和相应的行为。

不安于贫困

富足意识不仅适用于希望获得经济成功的人。犹太智者认为这是一个人应当拥有的基本意识，也是打破内心局限、实现个人成长的先决条件。

每个人都希望生活得更好，过上富足的日子。人不应当满足于活在各种局限之中。这一点可以体现在拉什拉比对《托拉》的解读中。根据《托拉》，借钱给穷人的富人并不是债主。对于这条戒律，一般的解读是，富人不能逼穷人还款，使穷人蒙受羞辱。拉什拉比则认为，一个富人要想做到这一点，必须首先忘记这笔债，就像自己没有借钱给朋友一样。

放款人怎能忘记自己借钱给他人？为了做到这一点，拉什拉比的建议是，富人要将自己想象成一个穷人。对于这个建议人们可以从不同的层面进行理解。有一种理解是，如果放款的富人将自己放在穷人的位置上，他就会感受到穷人的窘境和不易，进而放弃逼迫穷人还款的想法。另一种解读是，人不应该拥有穷人的心态。拉什拉比相当于在让人们思考，一旦将自己想象成穷人，你是否会接受这种处境？你一定要想，凭什么别人那么富裕，而自己却如此贫困？你会呐喊，向上帝呐喊，向社会呐喊，这声音来自你的内心深处。

对拉什拉比话语的第二种解读要求我们改变自己的生命观，呼吁人们不要接受自己贫穷的状态，而是发自内心相信自己应该过上富足的生活，相信自己可以也应该实现这一点。一旦拥有这种信念，人便能够自信地生活在这个世界上。这里所说的更好的生活并不局限于经济层面，而是从根本上相信生活的本质是美好和崇高的，并可以表现在外在的维度上。

卢巴维奇拉比也非常明确地指出了这种意识的重要性：

> 简而言之，每一个犹太人都应当富有，不管是在精神上还是物质上。这是一种简单而纯粹的富有。

不仅如此，犹太人一方面应当追求财富，另一方面也要相信，每一个犹太人本来就拥有巨大的财富，即使这些财富可能并非每个人都能看到。如果看不到，其实并不是因为这些财富不存在，而是因为犹太人必须通过自己的努力才能具备看到财富的能力……

　　需要指出，上文提出的富足意识同我们之前提到过的一个基本观点并不矛盾，即每个人所面对的当下都是为他精心准备的，都隐含有某种目的，旨在提升他，帮助他发现自己的力量。发现现实中的美好最终都取决于人的努力，人只有通过个人的努力才能理解每一个当下的背后目的，才能发现现实中的富足。

　　富足意识来自犹太思想中的一个核心观点：世界看似存在各种边界，但这只是我们所处的视角所看到的。当我们颠倒视角，从高处往下看，就会清楚地发现，所谓边界，不过是我们（被限制对象）的主观创造。

　　根据犹太思想，能够改变现实面貌的意识是认为世界并不存在边界，在这个世界上，人们所面对的不是零和博弈，争夺有限的资源。相反，世界是富足的，这种富足等待着我们去发现。即使我们还未能发现这种富足，也应该拥有这种富足感，而不是认为自己存在各种不足，处于劣势。富足意识反映的其实是世界的真实结构。

观念上的富有

　　富足感并不取决于我们银行账户中的数字，或我们能否过上富裕甚至奢侈的日子。一个真正的富人并不一定拥有远远超出自己和家人所需的财富，而是一个不依赖于自己所取之物的人。同样，一个人可能在物质上什么也不缺，单纯看存款，他完全是一个富人，但他本质上仍然是一个穷人，因为他依赖他人，充满不安，总担心钱财会离他而去。他的贫穷来自于他认为一切都应当属于自己。

衡量一个人是否富有的标准是看他是否愿意并能够影响他人。因此，富足感与通过各个领域和途径影响世界的意识紧密联系。如果一个人不依赖于自己所得到的东西，他离成为一名影响者的距离就不远了。他不会自怨自艾，更不会认为自己是受害者，他在乎的是自己能带来些什么，改变些什么。

犹太智者曾在一篇著名的文章中提出，穷人都是在观念上贫穷，富人都是在观念上富有。人的内在力量可以体现为富有状态或贫穷状态。在富有状态下，人的力量处在扩展状态，而在贫穷意识的影响下，人感到充满局限，缺少力量。

当人在意识上感到自己处在扩展状态，那么他的心智也会处于扩展状态。用哈西德的术语来说，他的大脑是开放的。正如心脏无时无刻不在进行收缩和舒张运动，人的心智也是如此，在开放状态和封闭状态间进行转换。犹太心灵理论将心智的封闭状态称为心智的蒙昧，将大脑的封闭状态称为大脑的蒙昧。

大脑的蒙昧比心智的蒙昧更加可怕，因为当大脑处于封闭状态时，人的内心没有任何光亮，也很难在情感上觉醒，难以为任何事情感到激动。相反，当一个人的大脑处于开放状态，人的理解能力会更强，能够理解平时无法理解的事物，能够享受"文思如泉涌"的状态。他的心智之泉将不断流淌，并因此拥有更多的智慧和见解。

由于情绪孕育于心智，当人的心智和大脑处于扩展和开放的状态，人的情绪也会被激活。富足意识既能让人的大脑变得更开放，也能激发积极情绪，拉近人与现实、他人与自己的距离，促使其采取积极的创造性行为，也会让人拥有更强的专注力。

富足意识的前提是动态地理解现实。犹太心灵理论的一大创新是强调世界每时每刻都在被重新创造，而不是几千年或几十亿年前的产物。为了让世界继续存在下去，造物主必须在每一刻重新创世，因此，世界永远是富足的。在个人层面，每个人都可能从不同的方向找到谋生之道。同样，创新思维也应当随着现实的变化而不断变化。为了做到这一点，人不能寄希望于奇迹的发生或灵感的出现，而应该拥有维持生计和保持创新的方法，这其中就包括富足意识和影响世界的意识，抛弃充满缺憾和不断索取的意识。

相信富足

《革马拉》中说，当一个人接受审判时会被问：你保持了信仰吗？你是否坚持学习《托拉》了？对此的简单解读是，一个人要保持正直，在做生意时不能欺骗客户和同事。正直是人应当拥有的基本品质，在做生意时当然也很重要。但对此更深刻的解读是，所有的交易、创造和创业行为都应当充满信仰。也就是说，在审判时审问他的话相当于是："当你做生意时，你有信仰吗？"这其中很重要的一个信仰就是相信世界上充满了富足和美好，这一信仰是实现潜能的基本条件。

当一个人越相信未来有美好的事物在等待着自己，他的眼界就会越宽广，思想就会越深邃。

在Mobileye公司2017年的总结会上，阿姆农·沙书亚教授谈到自己与合伙人兹维·阿伟曼为公司做出的不同贡献，同本文所讨论的问题非常契合。当沙书亚和阿伟曼决定成立公司时，他们面临着募集资金的问题。在当时，风险投资几乎是唯一的方式，但他们很难得到天使投资。后来，阿伟曼决定采取类似公募的方式募集资金，这在当时是一个很超前的想法。一天，阿伟曼接到一个投资人的电话，希望投资40万美元，但当时公司总共只计划募集50万美元。沙书亚本以为阿伟曼会迫不及待地接受这笔投资，但结果他惊讶地发现，阿伟曼居然拒绝了投资人的请求，虽然公司非常缺钱，但阿伟曼对这位投资人说，公司很快就会完成募资，如果他压缩其他投资人的投资额，也许可以为他争取到10万美元的投资机会，但不能更多了。

阿伟曼的行为方式与人们的直觉相反。当他拒绝了40万美元的投资后，这位投资人本能地意识到这是个炙手可热的商品，开始尝试说服阿伟曼接受他全部的投资。沙书亚指出，如果这位投资人细读一下投资条款，很可能会很快放弃投资。后来，不出阿伟曼所料，不到两周的时间，公司就成功募集了100万美元，迈出了走向成功的第一步。

阿伟曼所展现出的谈判技巧并不能单纯理解为对投资人心态的把握和利用，还要求他对自己的产品拥有极大的自信，并具备犹太教中所提倡的富足意识。他发自内心地相信，资金问题迟早会得到解决。

有的销售人员对客户死缠烂打，这会对客户造成巨大的心理压力。这样的销售没有满足客户的需求，而是一心希望从这笔交易中获利。相反，当卖家表现得从容而自信，相信自己产品的质量，而不是使用各种销售技巧，他就无形中创造了一种更有利于达成交易的氛围。

采用第一种销售方式，即使有时客户同意达成交易，也很难再次购买。客户永远在寻找个人需求的满足，逃避来自他人的施压。

人总是倾向于想着明天，担心未来，认为资源和机会是有限的，所以常常惴惴不安，无法享受生活，担心自己拥有的美好会被别人抢走。犹太心灵理论则要求人去发现身边的美好和富足，相信它们就存在于世界，等待着被人们所发现。

第六节

对生命的机械划分将限制创造力

约瑟的智慧

你想成为古代世界最强大国家的大臣并管理全国的经济吗？如果答案是肯定的，那么你可以先尝试解梦。

想象一下，你被关押在埃及的大牢里，那不过是一个山洞，条件极其恶劣，同现代牢房完全没有可比性。突然有一天，你被带出山洞，来到埃及最高统治者法老的面前。你的任务是解读法老做的两个梦。而且，你不是第一个解梦的人。

在你之前，已经有许多人为法老解梦，包括他的助手、魔法师和占星家，这些人都给出了自己的解释。在第一个梦当中，法老梦到七头肥壮而漂亮的母牛在吃草。之后出现了七头干瘦而丑陋的母牛，吃掉了之前那七头母牛。在第二个梦当中，他梦见一株麦子长了七个穗子，饱满、苗壮。随后又长了七个穗子，枯萎、干瘪，被风一吹，全焦了。这七个穗子枯萎、干瘪的穗子，居然把那七个饱满、苗壮的穗子给吞食了。

法老身边的人给出了不同的解读。有人说，法老将有7个女儿出生，另外7个女儿将被埋葬。还有的人建议说，法老将占领7个地区，另外7个地区会反抗法老的统治。

现在轮到你登场。你会给埃及统治者什么建议？

如果一个人做了两个类似的梦，我们可以认为，对这两个梦的解读应该是一致的。现在让我们一起来思考。什么时候牛会长得肥壮？当然是粮草充足的时候。什么时候牛会变得干瘦？当然是旱灾和粮草短缺的时候。什么时候谷物会长得饱满？风调雨顺时。什么时候谷物会干瘪？遭遇旱灾时。牛可能暗示着耕种，穗子则暗示着收获。通过这些分析，我们也可以很自然推理出，埃及将迎来7个丰年，然后紧接着出现7个荒年。饥荒会非常严重，以至于之前的存粮都将被消耗掉。由于相似的梦出现了两次，我们可以得知，事情非常紧急，埃及马上就要进入第一个丰年。

我们再一起来思考解决方案，如果即将进入7个丰年，然后又有7个荒年，我们能做些什么？当然是将丰年的粮食保存下来，在荒年用作救济。没错，这正是约瑟为法老提出的方案。

约瑟的回答让法老感到非常满意，认为他很有才能，任命他管理整个国家的经济。"当时治理埃及地的就是约瑟，粜粮给那地众民的就是他。"[1]如果解梦真的这么简单，法老为什么会如此惊喜？为什么法老认为整个埃及都没有比约瑟更聪明的人，并任命他为埃及一人

————————

[1] 《出埃及记》42：6。

之下、万人之上的大臣？为什么埃及的术士怎么也想不到这个答案？

其实，在得出这一解决方案的过程中，约瑟克服了思维上的重重障碍，他深谙犹太心灵理论原则，展现出不同于埃及人的独特的思考方式。他认为一位国王的梦不仅关乎国王个人，而是关乎整个国家和民族。他对梦有深刻的领悟，认为反复出现的相似的梦在传递相同的信息。

法老的手下难以理解的地方在于，7头肥壮的母牛怎么会同时与7头干瘦的母牛出现在河边，在经过一段时间后后者才吃掉前者。或者说，在那一段时间，怎么可能既是丰年也是荒年呢？这个难以解答的问题限制了人们的思维。

约瑟在解读了法老的梦之后才给出相应的建议。如果他直接提出建议，他很可能会为此付出惨重的代价。他认为储存粮食是破解之法，一旦将粮食储存起来，丰年和荒年在某种意义上可以实现共存，也就是说，这一点在法老的梦中已经可以找到答案：肥壮的母牛和干瘦的母牛同时在河边吃草。在此基础上，约瑟还发挥主观能动性，提出了更多解决方法，这正是他的伟大之处。

在深层认知中，约瑟认为，所有的邪恶和匮乏都与美好、神圣和富足相连。犹太心灵理论中也有类似的原则，即认为越低的智慧拥有越高的力量来源。世间一切存在，包括那些看似一点儿也不美好和神圣的存在，都始于神圣，扎根于神圣，从神圣来源中汲取力量和生命。它们外在的对立性遮蔽了内在的深刻联系。

约瑟的任务就是发现最低和最容易被人忽视的现实和存在，并将其同美好的根源联系起来。所以他没有将丰年和荒年简单地对立起来。

　　约瑟不仅指出未来将出现旱灾和艰难的岁月，还指出了解决方案，这其中所体现的基本观念正是值得我们学习的。生命不是独立的事物，同样，在我们的生命当中，美好、健康和成功的阶段与艰难的阶段也不可相互割裂。在强大的时候，我们要认识自己的内心和身体，从而懂得如何更好地应对艰难的时期。约瑟的回答之所以让法老惊喜，正是因为他能够将丰年和荒年相互联系起来。在面对富足生活时，我们不要让富足遮蔽双眼，而是要让富足时期形成的见解和积累的力量去支撑我们走过未来可能出现的艰难的时期。

　　约瑟的故事教导我们对生活拥有正确的意识，生命中并没有什么缺憾和不足，我们不应该将生命划分为相互割裂的阶段和部分。然而，现代经济体系却迫使我们采用这种割裂的方式看待自己的生活。我强行将自己的时间划分为工作时间和休闲时间，陪伴孩子的时间和陪伴配偶的时间。在这个过程中，我们一会儿充当父母，一会儿成为职场达人，一会儿扮演配偶的角色，一会儿又成为他人要好的哥们和姐妹。我们在不同角色下呈现出截然不同的自己，或者说，我们似乎同时生活在多个不同的维度上。但在内在层面，个体都具有唯一性，不同的角色之间也具有深刻的联系，一个人在一个领域的变化会影响到其他领域。比如说，当一个人希望成为更好的父亲或母亲时，他同配偶之间的关系也会发生微妙而积极的变化，他的情绪状态也会变得更好。同样，人不能将自己的行为和情感世界相割裂。只有不再对自己的生命进行机械的划分，才能在不同领域产生积极的互动，呈现出相互促进的局面。当我们充满喜悦地去上班，我们对自己的情感生活也会充满信心，在工作中也会更加专注，我们的一天将变得焕然一新。同样，当一个孩子生活在健康的家庭环境中，那么他在学校的表现也会更好。

人应当试图将自己所从事的各种事情统一起来，倾听自己内心的声音，改进自己在生活中不同方面的状态，尝试将每件事情、每个领域都通过与内在自我连接而形成一个整体。

优先排序

人们普遍接受的对生活领域划分的观点直接影响到自我实现过程中的优先排序。根据这一排序，大多数人认为应当将创造性思维首先运用到教育、商业、经济或科技等领域，忽视生活中其他方面，尤其是家庭关系。

犹太心灵理论不仅不接受这种对生命机械的划分方式，也不接受生命中某些方面比其他方面更重要的观点。犹太学者提倡人们接受生命的整体，而不是只选择其中的某些部分。为了解决这种机械性划分生命的问题，犹太学者鼓励人们改变自己的意识，全面审视生命的各个方面。

对于个人而言，公共和商业领域并不比家庭生活更加重要。在这个问题上，犹太心灵理论提出两类家庭：第一种在客厅中供奉着金牛犊，第二种在客厅设有圣所。

什么是供奉金牛犊的家庭？在这个家庭中，生计和事业被视为生活的中心。家人们谈论的话题也主要围绕金钱展开。由于男主人是家庭中最主要的收入来源，他享有更高的地位，这往往表现为其他人不可随意打扰他。在这个家庭中，养育孩子等问题都是次要的，什么也没有收入重要。家里每个成员都认为：为了保证收支平衡，他们需要更多的钱。

在客厅设有圣所的家庭则完全不同。圣所代表着圣殿和信仰。在这个家庭当中，夫妻之间会相互倾听，养家糊口、升官发财并不重要，根本不是家人们所关心的话题。家中主要负责赚钱养家的人并不会拥有更高的地位。对于这个家庭而言，金钱远没有精神、活力和信仰重要。当然，夫妻双方也会努力地工作，但他们主要将创造力投入到家庭、教育和夫妻关系中，他们的内心是对周围的环境完全开放的。家庭成员的满足感和实现感并不来自于工作，而是来自其家庭和个人的爱好，比如弹奏乐器、绘画或写作。这种满足感也会提高他在职业方面的自信。

根据上文的观点，拥有这种意识的人，往往拥有更好的经济条件，一切得来全不费工夫。

对自己的定义应当基于自己可能成为的人，而不是当下的自己

约瑟解梦的故事不仅告诉我们不能刻意对现实进行划分，还让我们明白，每一个困难和挑战的背后都隐藏着积极的根源。或者说，不管表面看起来多么对立的事物，都存在着内在的统一性，都反映了一个统一的世界图景。由于人也是一个完整的世界，我们既可以通过自己的内在世界来理解外在世界的统一图景，也可以通过观察不同的存

在和细节来达到同样的目的。

在法老的梦中，荒年的积极根源就隐藏在丰年之中。当一个人意识到所有的邪恶和困难都拥有积极根源，也就能够找到对抗邪恶和解决苦难的方法，也会对生命中每一个场景和每一件事心存敬畏和感恩。通过发现事物背后积极的根源，人们将对现实产生截然不同且充满创造性的认识。

发现外在行为和情绪世界背后的积极根源，能够彻底改变我们的动机和行为方式，帮助我们与外界建立重要的联系，增强我们克服困难的能力。

约瑟被囚禁在埃及监狱的原因也反映了上文所提到的世界观，在他通过解梦成为埃及法老副手之前承受过巨大的痛苦，但在这一过程中，他已经表现出与解梦时同样的智慧，善于发现所有事情背后的积极根源。

每当到了关键时刻，约瑟总能发现自己的初心，战胜内心的邪念。他刚到埃及法老内臣波提乏（当时担任埃及护卫长）家时，负责管理波提乏的家务。在这期间，他被要求做一些不符合自己内心的事情。原来，波提乏的妻子（法老的侄女）尝试诱惑他，每天都会为了他穿上美丽的衣裳。《密西拿》中记载：

> 她早上的衣服和晚上的衣服不同，晚上的衣服和第二天早上的衣服也不同。她对约瑟说："你听我的。"他对她说："不。"她说只要他同意与她同寝，就能得到千金，但他仍然不答应。

其实追求约瑟的远不止波提乏的妻子。《米德拉什》中说，由于约瑟长得俊美，埃及的女儿经常会透过灌木丛偷看他，或把自己的手环或戒指扔到他跟前，以引起他的注意。但约瑟不为所动，坚持着自己的价值观。有一天正好是埃及的节日，护卫长波提乏家中其他人都出门了，只剩下他的妻子和约瑟。有很多人认为，约瑟险些没能抵住诱惑，想与她同寝。但在最后一刻，当她抓住约瑟的衣服，父亲的形象突然浮现在约瑟眼前，这让他顿时醒悟过来，赶紧跑了出去，衣服还留在波提乏妻子手中。

为什么他会看到父亲的形象？为什么这能帮助他战胜诱惑？在希伯来语中，衣服一词的词根与背叛一词相同。犹太教认为，人内心的想法和念头就相当于人内在的衣服。父亲的形象代表着他的内在潜力、归属感和未来可能成为的人。当一个人认识到自己的本质，以及自己外在行为的来源，他就可以改变自己的行为。就像一个行为暴力的孩子，他内心很可能希望得到温暖和爱，外在行为的根源其实是积极的，如果自己和家人意识到这一点，那么他的行为很快就能够得到纠正。

约瑟意识到自己归属于更崇高的现实，可以成就更伟大的事业。被埃及女子诱惑与自己的价值观相违背，所以必须克服这种冲动。于是他将衣服留在了她手中，而衣服所代表的正是他心中浮现的不良思想，他重新连接到自己更高层的潜能，对他而言，这才是真正属于自己的地方。

约瑟的经历告诉我们，人不要轻易根据当下的处境来定义自己。我们在生活中必然会遇到很多问题，面临很多外在诱惑，甚至我们内心也会出现很多不好的想法，但这都不应当成为我们认识自我的依据。在定义自我时，我们必须根据自己可以成为什么样的人和达到什么样的高度。当一个人只看到自己存在的问题，他实际上在为自己的停滞不前寻找借口，不主动寻找突破口。更糟糕的是，当一个人选择用这种方式定义自己，环境也会得出同样的结论，不再对他抱有更高的期望。

当我们相信所有事物的背后都隐藏着积极和崇高的根源，我们的世界观就会发生巨大的改变，这一认识能够帮助我们看到每一个现实中的机会，增强我们克服困难取得成功的信心。

施奈尔·扎尔曼拉比认为，犹太民族就像葡萄树，每一个犹太人都相当于葡萄。为何如此？因为每一颗葡萄都有潜力被酿造成美酒。大家都知道，美味的葡萄酒是通过葡萄汁发酵而成的，没有任何添加。在犹太人看来，这说明每个人从一开始就有潜力成为能够给上帝和众人感到喜悦的美酒。

然而，从葡萄变为美酒的过程并不容易，需要经历采摘、压榨和发酵等漫长且复杂的过程。对人而言，为了让潜能变为现实，我们也需要不断清除内心的阻碍和不良思想。这是一个反复捶打和历练的过程，这一过程的目的并不是羞辱人，而是为了磨掉内心的硬壳。只有这样，我们才能发现傲慢、悲伤、压力、担忧等不良心理运动背后的崇高根源，从而获得更宽广的视野，切断不良心理运动的营养来源，并使之与积极的内在根源相连接。

第七节

停下手头的工作，我们也许能拥有更多的创造力

你有没有仰望天空？

将生命机械地划分为不同的领域，会限制我们整体看待生命与生活的能力，使我们难以发现自己独有的能力。由此我们可以得出的结论是，创造性思维和人生的成功很多时候并不取决于我们的工作时间有多长，而取决于我们能不能停下来仰望天空，拓宽自己的视野，用心观察，学习一些与我们的工作不相关的新鲜事物。只有这样，我们的认识才能不断深入，自身才能不断成长。

曾经有一个凄惨的穷人因为受到来自布列索夫的纳赫曼拉比追随者的祝福，因此成了有钱人。从此以后，他一直忙着做生意，无暇他顾。一天，在集市上，纳赫曼拉比看到他在忙着做买卖，这个人本来想赶紧离开，但被拉比叫到屋里。

拉比首先问道："你今天有没有仰望天空？"

男人回答说："没有。"

纳赫曼拉比让他来到窗边又问道："你看到了什么？"

男人回答说："我看到了熙熙攘攘的车马和人群。"

拉比对他说："50年后，这个集市将完全不同，你现在看到的一切都不复存在，到时候会有其他的车马、人群和货物，你我可能都不复存在。那么，你有什么紧迫的事情，让你连仰望天空的时间都没有？"

然后，纳赫曼拉比叫来了当时祝福这个男人的学生，对他说："海卡尔，你的祝福给他带来了什么？你害得他连看天空的时间都没有了。"

黑　暗

我们可以从不同的角度解读这个故事。通常的解读是，我们总是忙于参与社会竞争，抽不出时间超然和全面地看待自己的生活，忘记了生命的目的，也无法清醒地认识自己。换句话说，盲目的竞争让我们远离了真正的生活。

在犹太心灵理论中，对谋生的忧虑被称为"黑暗"，这指的不仅是对经济情况的担忧，还包括人们将工作和事业视为生活的中心。之所以称其为"黑暗"，是因为这种忧虑会让人的生活变得漆黑一片，无法专注于工作之外的事物，包括娱乐、美食或同家人度假。这些忧虑占据了人们此刻的全部精力，影响了人们的健康，经济能力优势成为人们衡量一切的标准。

忧虑如同遮挡眼睛的物体，限制我们的视野，让我们只能看到特定方向的事物。一个人受其影响越大，越难以发现和观察其他事物。

过度投入

从创造性思维的角度来看，对谋生的忧虑不仅会消耗我们内心的力量，让我们的生活变得灰暗，还会剥夺我们休息的能力。休息和放松对于创造性思考来说至关重要。

持续存在的忧虑会导致我们在工作上投入过多的时间和精力。很多时候，我们之所以难以停止工作，并不是因为工作本身有多么艰难，而是因为我们的内心感到不安，总觉得自己付出得还不够，工作的进展还不够快，或认为我们有能力付出更多。这种不安感其实是我们在经济领域感到忧虑的首要原因。这让我们不断产生自我怀疑：是不是某件事情可以做得更好？是否应该改变做事的方式？于是，我们总是关注那些我们可能错过的事情，而不是眼前更重要的事情，对自己的现状也越发感到不满。

这种不安感有许多不同的表现形式。一名律师可能觉得自己对案情的了解不够全面，一名科技公司的员工可能觉得自己对行业的最新发展不够了解，一名销售人员可能担心竞争对手推出了某种他不知道的促销活动。

当事情进展不够顺利，或盈利不够多时，这种担忧会变得更严重。于是，人们开始问自己要不要增加广告投送范围，扩大受众人群，或改变营销手段等。这种自我怀疑源于一个错误的思想，即认为自己的收入之所以没有快速增长，是因为没有充分发挥自己的潜能。

诚然，每个人对待工作都应该尽心尽力，但我想表达的观点是，很多时候正是这种自我谴责和内心的恐惧制约了我们的发展。当一个人一心只想着工作，忽视生活中的其他方面，那么他在工作上也很难走远，他的思维必然缺少创造性。一个人拼命工作，完全不顾及家庭、学习、朋友和运动，这必将对他的事业带来负面的影响。

在讨论休息的重要性时，纳赫曼拉比还讲过另一个故事。从前，有一个国王，为自己建了一座王宫，这个王宫分为两部分，他请了两位画师在王宫的墙上作画，并定好了完工的期限。

第一位画师非常刻苦，通过自学掌握了精湛的绘画技艺，在他需要作画的墙上绘制了美丽的图案，上面画满了飞禽走兽。但第二位画师似乎并不在乎国王的指令，什么也没画。

当工期快到时，第一位画师早已完成工作，画得非常好。第二位画师这才想起来画画的事，有些后悔自己之前没有把工作放在心上。

他开始琢磨该如何解决这个问题。只剩下最后几天，如果现在才研究如何绘画技巧，并完成作品，显然已经来不及了。这时他突发奇想，来到王宫，在大厅的墙面涂上了反光性非常好的黑色石膏，看上去像镜子一样。完成后，他用幕布将墙面挡住，人们什么也看不到。

规定的时间到了，国王来到现场检查两位画师的作品。他首先看的是第一位画师的作品，其手法非常精妙，上面的鸟类惟妙惟肖。但第二位画师的墙面仍被布挡着，只能依稀看到一片黑色，似乎什么图形都没有。这时，第二位画师揭开幕布，当时阳光明媚，第一位画师的作品居然完整地出现在第二位画师制作的反光墙面上，效果甚至更好，因为除了对面的画，王宫中摆放的精美的家具、器皿和国王收藏的其他宝贝也倒映在墙面上，形成非常奇幻的效果。

结果，国王对第二位画师的作品更为满意。

在纳赫曼拉比所讲述的故事中，国王更倾心第二位画师表现出的创造力。纳赫曼拉比试图通过这个故事告诉人们，创造力往往能给人带来更大的惊喜，有时我们只有通过休息才能拥有这种创造力，从而在关键时刻作出重大发现。

对谋生的忧虑

在犹太学者中还有一种观点认为，谋生的忧虑并不一定是件坏事，有时，恰恰是这种忧虑帮助人们意识到应当仰望天空，超越自己所处的现实，最终发现新的发展道路。

也就是说，犹太心灵理论不但认为人们有必要减少和限制自己在工作上的投入，鼓励人们扩大自己的眼界，发展工作之外的领域，同时也承认这种忧虑和不安感在发展成人们创造力上具有重要作用。谋生的忧虑的确会限制人们的视野，但其存在的目的恰恰是让人们摆脱这种忧虑从而发现平凡生活的深层意义。

犹太经典文献经常将诺亚时代的洪水同谋生的忧虑进行类比。洪水过后，诺亚从方舟中走出，看到了一个全新的世界。为什么诺亚会看到一个全新的世界呢？

其实，洪水的目的并不是毁灭世界上的生灵，如果真想做到这一点，上帝根本不需要使用洪水。洪水的目的是净化这个世界，因为水能洗净一切不洁之物，促进生命的生长和革新。和洪水一样，烦恼与忧虑也会让人有一种被吞没的绝望感，但这恰恰是获得重生的契机，帮助他人重新发现自我，更加深刻地看待一切事物。也就是说，谋生的忧虑就像"诺亚的水"，让我们看到世界的变化，旧的世界时刻在离我们而去，让我们感到有些无所适从，在我们内心造成某种危机。但如果不应对危机，不去对抗这种形势，那我们就无法成长。毕竟，衣食无忧的平静生活从来无法为我们提供强大的动力，更不是我们寻求改变和意义的力量源泉。但要应对内心的危机，我们首先要抬起头仰望天空，停下脚步，只有这样，我们才能真正跟随世界共同变化。

当人在为衣食住行忧虑时，他就相当于全身浸泡在净身池中，水就像他心中的忧虑，忧虑让他什么也看不到，水之外的存在对他而言似乎没有任何意义，他难以享受人间的喜悦，也无法感受到自身与环境之间的联系。只有将头伸出水面，他才能看到真正的现实，拥有全新的视角，发现眼前存在的各种可能性，更理性地看待之前的忧虑。这就是为什么一个经历过破产或其他磨难的人往往会拥有更多的人生智慧，痛苦的经历让他看待人生的眼光发生了变化，让他看到了一个新的世界，他不会像以前那样在乎别人怎么说自己，也不再担心未来，一切变得云淡风轻，他已经学会了应对这些忧虑，知道如何通过周密的计划和超出常人的努力走出经济上的困境。这也是为什么那么多成功的商人都有着悲惨的经历，这些失败教会了他如何放慢脚步，换一个视角看待问题，并根据现实的变化进行自我调整。

上文可以总结出来的第一条原则是，有时等待、休息和做一些与当前工作不相关的事情，反而能够让人的灵魂得到滋养，使人对当下的工作产生更加深刻的理解。第二条原则是，谋生的烦恼是为了提升人的境界，迫使人进行自我革新，改变看待事物的视角。这些烦恼的存在并不是将人吞没。不管作为个人还是一家公司，养家和谋生的忧虑都不是阻止我们前进的理由，而是帮助我们看到一个全新的世界。当然，要做到这一点，我们首先需要将头伸出水面。

在此基础上我们还可以增加一条原则：人不要被成功和自信所蒙蔽。所罗门王在《传道书》中说："财主积存资财，反害自己。"①很多时候，财富会阻碍人的发展，使人难以进行创造性思考。当人沉溺在物质世界中，进行创造和改变的欲望就会下降，生活的安逸让他不愿踏上发现自己才能的漫长之路。但需要强调的是，我们并不是鼓励人们过苦行僧般的生活，而是希望大家能意识到，富足的生活也存在消极的一面，这一点或许能帮助我们在过上富足生活后更好地应对这一挑战。

---

① 《传道书》5：13。

第八节

这个世界并非残酷的丛林

"你只需比你的对手更优秀"

两个好朋友来到非洲大草原探险，选择在野外过夜，不回大本营。半夜时分，他们听到狮子的脚步声在不断迫近。一阵惊慌后，其中一个人开始系鞋带，并说他们现在唯一的选择就是逃跑。他的朋友说："你脑子没问题吧？你能跑赢狮子？"第一个人说："我不用跑赢狮子，只要跑赢你就行。"

这个笑话是位智公司（Waze）的创始人乌里·列文对我说的。这个笑话似乎在提醒我们，在充满竞争的现代社会，我们并不需要有多么优秀，只需要比竞争对手更优秀就可以了。

然而，犹太心灵理论对于世界以及世界中的各种关系（包括商场竞争关系）却描绘出了一幅截然相反的画面。如果我们能够充分理解末日和救赎的概念，就能获得一种富足感，我们对工作和竞争的理解也会受到这种观念的积极影响。未来是什么样的？迈蒙尼德说："未来没有饥饿，没有战争，没有嫉妒，也没有竞争……"

未来的世界只有在表面上看像一个充满竞争的丛林，但在本质上，人的成功取决于其能否为群体做贡献，支持他人，并通过建立一系列同外界的联系来实现个人的进步。人也需要竞争，但不是同外在的力量竞争，而是同自己。或者说，人需要不断发现自己的力量，打破自身的局限，如果能做到这些，那他必将拥有极高的创造力。相反，如果总担心别人威胁到自己，拿走属于自己的东西，那么人就难以进行创造性思考，只能不断模仿和依靠他人。

以色列著名组织顾问、培训师和《另类思维》作者伊兰·埃利奥尔提到过他经常组织人们做的"圆圈练习"。在这个练习当中，他让一个参与者离开房间，然后剩下的人手拉手围成一个圈，并对他们说，出去那个人进来后，只有当他以非常礼貌的方式请求加入时，大家才能同意。接下来，他告诉出去的那个人，接下来的任务是加入大家正在进行的活动，然后再把他带回房间。埃利奥尔说，根据他的经验，大多数人都会强行加入圆圈，或咯吱其中一人迫使他松手，或尝试贿赂其中一人。总之，大多数人在这种场景下都会先入为主地认为其他人属于利益既得者，不希望自己加入活动。

这个练习其实是一个社会学实验，反映了人们普遍持有的观念，即认为世界是一个充满竞争的丛林。为了在竞争中胜出，人们必须赶走他人。但这种假设并不完全正确，很多时候我们都被这种错误的假设所误导，认为自己生活在一个充满竞争的地方，因此活得特别艰辛。

犹太心灵理论对此的看法则截然不同，认为每个人都拥有充分的资源，能否发现这些资源取决于能否发现自己的潜能，以及能否与他人进行合作，相互支持。因此，犹太人并不认同竞争，而是鼓励人们合作和相互鼓励。

令人疲劳的意识和振奋人心的意识

工作是人实现自我发展的重要途径。约伯说："人生在世必遇患难。"①这里的患难指的主要是工作上的辛劳。犹太心灵理论区分了两种不同的劳动，一种是内心抗拒的劳动，人们的主要驱动力来自生存压力，认为这个世界充满竞争，这种劳动不利于我们的身心。另一种则是在内心平静状态下的劳动。平静并不是闲散，在平静状态下，由于人相信事情都能得到解决，自己前进的方向是正确的，所以内心会充满活力，对未来也充满期待。这就像让一个人背着一个装满宝石和钻石的袋子回家，他肯定干劲十足，丝毫不觉得袋子重，但如果袋子里装的都是石头，那他一定会怨声载道。从这个角度看，对袋子中内容的认知能直接影响人的心态，平静状态下的劳动就是带着装满宝石前行的状态，人看到了自己工作的价值和意义。

犹太学者认为，很多人最大的问题就是不相信自己的袋子里装有宝石或自己脚下埋藏有宝石。当机会降临，他们也错误地认为这不过是一块普通石头，不相信自己正走在通往富足和成功的正确道路上，所以难以保持清醒的头脑、自信的心态和宁静的内心，总把这个世界

---

① 《约伯记》5：7。

描绘为充满竞争的丛林。由于缺少这种正确的信仰，这些人总是抱怨，盲目地竞争，而且一有机会就贬低或羞辱他人，沦落为从事第一种劳动的人。

　　从事第二种劳动的人拥有不同的意识，认为所有的现实都是精心为自己准备的礼物，如智者所言，谁也拿不走真正属于你的东西。如果一个人同世界处于对抗状态，时刻与他人竞争，那么他的力量将被大量消耗，最终会感到疲倦不堪，而且很多时候，这种状态会促使他模仿他人，尤其是那些所谓的成功人士，而不是发挥自己的创造力。相反，相互鼓励和分享知识往往能让人取得更大的成功，帮助人们共同成长。在《塔尼亚书》的开篇，施奈尔·扎尔曼就谈到，当一个身无分文的穷人同富商相遇，后者帮助前者，那么他们两人都会得到上帝的恩惠，从对方身上学到重要的内容。如果人与人之间只有残酷的竞争，那么就看不到对方的需求，最终只能是两败俱伤。

　　本章提出的基本原则是，人应当意识到这个世界在本质上是美好的，现实整体上希望人变得更好，而不是反对个体。人所感受到的来自世界的压力和对抗完全是为了帮助他发现自己的力量，如果不能意识到这一点，人就很难取得进步。

　　这一原则强调神对个体的关注，确保人所处的现实有利于他的成长。这一原则在本质上体现了世界的统一性，人的任务在于发现这种统一性。作为一个思考的个体，人不能孤立地看待发生在身边的各种事情，而是要发现事物之间的联系，建立统一性，只有这样，他在某一个方面取得的深刻见解才能灵活运用到其他方面，从而在多个领域表现出较强的创造力。

　　如上文所言，所有这些假设和原则都不足以确保人能进行创造性思考，除了这些假设和原则，人还需要拥有正确的内心活动，支持大脑的正常运转，不断追寻新的创造力和变化。

第三章

内心运动

第一节

承受压力，发现自我

对犹太人而言，13世纪充满了矛盾性。一方面，欧洲犹太人的经济状况在中世纪晚期不断恶化，这主要是由于十字军东征、宗教裁判所①的建立以及教皇颁布的各种针对犹太人的限制性法令。11世纪晚期十字军东征开始的对犹太人的暴力行为在13世纪变得更为普遍。在当时的中欧和东欧，犹太人被封锁在隔都中，或被驱逐甚至屠杀。但另一方面，在这一时期，文艺复兴已经进入酝酿时期，犹太人在这场运动中扮演了重要的角色，犹太人的创造，尤其是卡巴拉主义的思想成果，在文艺复兴时期得以广泛传播和发展。

在如此复杂的生存环境之下，亚伯拉罕·阿布拉菲亚拉比做出了极具冒险精神的行为。公元1270年，年仅30岁的他决定求见教皇尼古拉斯三世，商讨犹太人的信仰问题和生存问题，或许他还准备向教皇

---

① 宗教裁判所又称为异端裁判所，是在公元1231年天主教会教皇格里高利九世决定，由道明会设立的宗教法庭。此法庭是负责审判和裁决天主教会认为是异端的法庭，曾监禁和处死异见者。——译者注

解释世界的内在结构，表达他对救赎的看法。作为天主教会领袖，教皇当时拥有巨大权力，能够影响数百万的信徒。阿布拉菲亚拉比是一个著述颇丰的塞法拉迪犹太人，对卡巴拉主义理论有着深刻的见解。他极具创造性，也因此受到不少以色列学者的批评。总体上看，卡巴拉主义在当时的影响力非常有限，流散在世界各地的犹太人也很不受待见，但对于他——一个信仰卡巴拉主义的犹太人，居然试图在黑暗的中世纪同世界上最有权力的人见面，希望着实渺茫。难怪当时犹太社团在听说这个消息后会担心自己的境遇可能变得更加糟糕，因此对阿布拉菲亚拉比充满敌意。

　　但阿布拉菲亚拉比决心已定，不愿放弃。提出这个想法的几年后，他毅然上路，在游历多年后，经历千辛万苦，终于在1280年阿布月到达罗马，没想到罗马教皇刚刚离开罗马，前往苏里诺度假。为了能见到教皇，阿布拉菲亚拉比在罗马公开表示他要见教皇，当这个消息传到教会领袖耳中，教皇毫不犹豫地拒绝了。为了避免同他见面，教皇明确告诉城门的守卫，如果阿布拉菲亚拉比进城，可以直接将他逮捕并烧死。很快，阿布拉菲亚拉比也得知了教皇的态度和决定，但他毫不畏惧，坚定地从罗马出发前往苏里诺。他认为自己必须遵从内心的声音，完成神圣的使命。来到苏里诺，他才得知教皇在几天前去世了。他果然被捕，但最后被释放，逃过一劫。他的执着在外人看来简直可以用疯狂来形容，正常人再勇敢也不会这样做。但阿布拉菲亚拉比并不疯狂，他只是坚持自己的想法，认为这个想法能够改变世界，并坚定地走了下去。

　　所罗门·莫尔乔也是犹太历史上一个了不起的人物，或许受到阿布拉菲亚拉比的影响，他也产生了同样的想法，在阿布拉菲亚拉比的故事发生了大约250多年后，莫尔乔真的见到了教皇克雷芒七世。

莫尔乔出生在西班牙驱逐犹太人事件的7年后，来自葡萄牙的一个公开放弃犹太教信仰的马兰诺家族①。他曾担任葡萄牙国王曼努埃尔一世的法庭助理。具有戏剧性的是，他后来又重新信仰犹太教，并成为一名非常有学识的卡巴拉主义者，宗教裁判所因信仰问题判他死刑，但由于教皇与他见过面，并同他建立了深厚的友谊，他得以赦免。但在他32岁时，他再次被绑在意大利的死刑架上，这次逮捕他的是神圣罗马帝国皇帝查理五世，最终他成为皇帝和教皇斗争的牺牲品，不幸遇害。这时距离他改宗犹太教才9年时间，但在这短短的9年中，他凭借自己的学识和智慧征服了整个犹太民族，他的卡巴拉主义思想也对很多人产生了深远的影响。

莫尔乔和阿布拉菲亚拉比一样，本可以享受安稳的生活，但偏偏选择走上一条危险的道路。但他们的目的是相同的：希望改变世界的面貌，改变犹太民族的未来，并相信自己有能力做到这一点。可以说，不管是犹太教还是卡巴拉主义，都非常重视人的生命，不提倡人们为了达成某一目的而献出自己的生命，但另一方面，犹太教和卡巴拉主义的确尝试改变人，鼓励人相信自己能够改变世界的面貌，不管这个希望看起来有多的渺茫。

很多人认为犹太人之所以更富创造力和才华，主要是因为他们在历史上长期被迫害。他们不能从事农业，无奈之下只好发展银行业。

---

① 马兰诺指为逃避迫害还被迫改宗基督教，但私下仍没有完全放弃犹太教的犹太人，是犹太民族历史上一个特殊的群体。——译者注

他们没有领土和可耕种的土地，所以不得不成为精明的商人。但这个观点无法解释为什么其他同样经历磨难和迫害的民族没能表现出同样强的创造力。可以说，如果没有一些正确的条件，不遵守一些相应的原则，迫害和磨难不但不能培养反而还会剥夺人的创造力。

犹太心灵理论认为，一代代犹太人表现出的创造力并非源于外部施加的压力，而是源于发现事物本质的内在动力。在追求真理的道路上，犹太人坚持自己的内心，不愿妥协，也不愿取悦外部世界。

犹太人长期坚持这一原则是有依据的。《犹太法典》的第一条戒律就是"当别人嘲笑你，不要感到耻辱"。也就是说，人不能屈从于社会的压力，不能谄媚，也不能故作中庸。这条戒律要求人不要害怕坚持自我，尤其是自己独特的方面。

《犹太法典》试图培养人们拥有这样的内心活动，即人必须做自己想做的事情，而不是做别人想让你做的事情。为了做到这一点，人需要不断通过内心活动来强化这一点，忠于自己的内心，保持强大的自信。在常人看来，这些内心活动似乎只有在危急时刻和困难时期才能发挥作用，但事实并非如此，即使在顺境当中，我们也要保持这种心态，从而拥有更强的创造力。一旦缺少这些内心活动，人将很难进行自我革新，也无法给世界带来新的变化。

哪些是犹太心灵理论推崇的有助于人进行创造性思考的内心运动；如何运用这些内心运动，并将其融入我们的生活当中，这是本章主要讨论的问题。

第二节

追求崇高

追求崇高的内心活动可以说是创造性思维的前提。为什么崇高性对于创造力如此重要？因为它能帮助我们超越现实，而不是沉溺于现实，从而让我们拥有更开阔的眼界。这种追求崇高性的心态有时会表现出一种类似高傲的心态，因为这种人会相信自己的能力，不会人云亦云。

但并非每一种追求崇高的内心活动都是可取的。有时，这种内心活动反而会制约人的创造力，影响人发现新事物的能力，不利于个人和组织的发展。犹太人认为存在两种在性质和动机上不同的追求崇高性的内心活动。

在外部环境驱动下的崇高

第一种追求崇高性的内心活动受到外部环境的驱使，这是任何重视创新的环境都不愿看到的内心活动，重视的是个人的外部形象和外界对他的认可。

当拥有这样的内心活动，人的一切行为动机都来自对环境的评估。其缺点在于，人的动力来源具有条件性，而且动力强度往往非常有限。当他人尊重自己，人就会感到喜悦和满足，当他人没有给予其充分的尊重和认可时，就会觉得自己受到了伤害。这并不是说他认为这个世界充满了威胁，而是说，一切都取决于外界环境，以及他主观上认定的外界对自己的看法。

在这种外因驱动的崇高心态的影响下，人的意愿与内心相分离，无法在行为中发现真实的自我。一个缺少内在价值感的人，很容易在那些看似尝试取代或动摇自己位置的人面前感到没有安全感。无奈之下，他会尝试全盘否定那些人，从而缓解这种威胁感。因此，这种追求崇高性的内心活动最终往往表现为对他人傲慢、鄙视和否定的态度。

在犹太创造性思维的角度看来，这其中最主要的问题在于这种傲慢的态度使他无法看到他人的价值所在，尤其是那些看似威胁到自己的人，也无法意识到他本可达到的更高的境界。当一个人表现出这种基于外在环境的崇高感，他很难充分调动身边人的积极性，也无法成为一个团队的领导者。相反，为了满足自己高高在上的需求，他会不惜一切代价贬低他人，压缩他人的生存空间，不允许他人拥有创造力。

拥有这种崇高感的人并不一定是坏人，他们也可能帮助他人，完全没有高高在上的感觉，但区别在于，他们愿意帮助的往往是那些不会对他形成所谓的威胁的人，那些不会觊觎他所拥有的东西的人，他们能够和这些人正常相处，甚至表现得异常友好。

这种由于自己受到威胁而对外界表现得极为傲慢的人，非常不利于组织的团结。这样的人越认为自己重要，就越不可能同他人合作，不愿意和他人分享自己所拥有的资源。他只能接受那些对自己唯命是从且循规蹈矩的人，很难交到真正的朋友。由于这种崇高内心活动的存在，他看不起身边的人，更不可能和他们共同奋斗。这就像两个都想当总理的部长，尽管民调显示他们只有联合起来才能实现连任，但受外部崇高心理活动的影响，他们不愿意这样做，担心影响到自己的既得利益。

在犹太创造性思维的视角看来，无法积极看待他人，不承认他人对组织的贡献，不能与他人积极合作，是外部环境的驱动下崇高内心活动最大的问题。一家公司或工厂，如果让这种心态上升为组织文化，不但难以拥有任何创新，还会严重影响基本的生产和经营活动。这种文化不但影响管理层，普通员工也难以幸免。这种人的存在会影响到整个公司的状态和气氛。此外，这种傲慢的态度还体现为对学习的排斥。一名傲慢的员工觉得自己无所不知，谁也没有资格指导他。

相反，当一个人不认为自己非常重要，也不认为一切都是自己应得的，他就能够更好地与他人融为一体。在他看来，最重要的不是自己所占据的位置，而是大家共同为之奋斗的目标，所以，他更能够接受其他人的不断成长，同时希望其他人变得越来越强大。

上文提到的情况不仅出现在组织环境中，也存在于个体内部。当一个人的情绪受外在原因驱动的崇高心理越严重，他就越难清醒地思考和快速地成长。虽然这种心理也会激发人的一些优秀品质，但在其身上，不同的品质和倾向难以融为一体，形成合力，而是在内部相互消耗，使人产生愤怒、失望、嫉妒、控制他人、悲伤以及傲慢的情绪和心态，最终导致人与外界的距离越来越远，动力越来越差，难以受到积极情绪的驱动。不仅如此，由于这些人没有发现自我价值，所以他们难以保持自信，需要不断得到外界对其行为的认可。当他人对他充满欣赏时，他会觉得自己所向披靡，而一旦缺少认可，他就会灰心丧气，毫无动力。在这种大起大落之中，他终将迷失自我。

受内部环境驱动的崇高

创造性思维所需的追求崇高的内心活动并不包含恐惧感和控制他人的欲望，也没有任何以自我为中心的倾向。正确的崇高源于对自己价值的认识，在这种心理的作用下，人发现自己的内在本质，明白自己的存在本身就是一件崇高的事情，不依赖于任何外在因素。个人价值既不取决于环境对自己的态度，也不取决于自己所取得的外在成就。人在通过行动证明自己的才华之前就已经认识到自己的内在的价值和存在的意义。即使他没能充分发挥自己的才华和力量，他仍然会认可自己，能看到自己崇高的一面。相反，世界上也存在这样一些人，他们看似非常努力，但从不尝试突破自我，他们所做的一切只是逃避真正的成长，他们设计另一款产品，攻读另一个学位，这些行为本身并没什么问题，但这些只是掩盖他们不安全感的方式，他们不愿勇敢地面对外部世界，不敢走出自己的舒适区。这些人的一个明显的共同点就在于缺少内在崇高感，他们的价值感来自自己所做的事情，而不是他们自身，所以他们往往缺乏自信，不相信自己的潜力。

一个拥有内在崇高感的人只关心自己是否走在属于自己的正确道路上，不在乎别人是否欣赏自己，或者说根本不管别人如何看待自己。在犹太经典中，根据外在环境来评估自我的方式被称为"耶舒特"[①]，根据自我价值来评估自我的方式被称为"比图尔"[②]。"比图尔"否定对他人观念的依赖，但这恰恰是与他人产生联系和交流的前提，因为这种方式所否定的并不是他人，而是自身对外部的依赖性。采用这种世界观的人深知自己的重要性，他们知道人的价值具有无条件性，人本然具有崇高性，不管是自己还是他人。

当人能意识到这一点，即使他人不尊重自己，他也不为所动，更不会停下自己所做的事情。因为那些尊重并非他的动力来源，也不会对他的内心状态产生长期影响。也许他也会感到难受，但很快就能释怀。在这种崇高状态下，人不会对他人居高临下，因为这种崇高感并非源于自己同他人的比较，而是源于对自己的认识。只要他还活着，他就认为自己是有价值的，他专注地努力创造和发现，试图改变世界，这不是为了得到他人的认可，他只是单纯地相信自己拥有与众不同的思考能力，能看见和发现他人看不见的东西。

在对比这两类崇高感的时候，智者说："世上有的人如芦苇般柔

---

① 在希伯来语当中有"实体""存在"之意。

② 在希伯来语当中有"否定""取消"之意。

韧,有的人如雪松般固执。"一个柔韧的人往往拥有内在的崇高感,他可以理解自己的价值,为了不被大风吹折,他选择与风共舞。不同于芦苇,雪松的确长得更结实,因为在雪松看来,所有的风都是对自己的威胁,于是选择强硬地对抗下去。

这两种具有崇高感的内心活动也会在日常生活中表现出来。我们想象两个熟人见面,一个是著名的化学教授,另一个是小学的化学老师。如果这名教授的内心活动追求的是外在崇高,那他可能会很介意别人将他同小学化学老师进行比较。在他看来,自己是著名大学的高级教授,教过许多学生,小学化学老师粗浅的专业能力怎么能与他相提并论?但如果他的内心活动源于内在崇高,他丝毫不会介意同这位小学老师见面,会露出发自内心的微笑,很高兴与同专业领域的人进行交流。他们的对话是自由而开放的,教授会非常认真地倾听小学老师所表达的想法。

又比如,在一个研究所的实验室里,一名追求外在崇高性的教授生怕身边的硕士、博士和博士后会影响到自己的权威,于是他不允许其他人自由发展。这种不安全感、傲慢和以自我为中心的心态导致他不愿给其他人足够的空间,也无法带领大家团结一致,取得卓越的科研成果。如果这名教授的崇高感来自对自身价值的认可,那他就会不断鼓励团队成员,引领他们突破自己的极限,进而带领整个实验室取得科研上的成功。这时,让他感到自己具有崇高性的不是外在价值,而是他内心取得科学创新的愿望,他会整合所有的力量朝着这个目标努力,根本不会觉得自己的地位受到团队成员的威胁。

如何区分外在崇高和内在崇高

检验内在崇高感最有效的标准是人对环境的依赖程度。一个具有内在崇高感的人具有很强的独立性，别人无法提升或降低他的价值。内在崇高感往往直接表现为他很少贬低身边的人或抱怨发生在自己身上的事情，因为他不依赖于外界的评价。

以色列著名文学家阿摩司·奥兹[①]去世前曾在一次采访中被问道，他是否还在等待获得诺贝尔文学奖。他回答说："文学奖是一个非常奇怪的东西。为了写作我宁可受罚，他们却为此给我颁奖。"从这个回答中我们可以看到奥兹对自己的认识和对写作的态度。哪怕无法获得全球性的声望，他也会选择继续写作。也许有时我们也应该问问自己，如果我们抛弃一切外在的激励因素，包括名声和收入，我还会继续做自己正在做的事情吗？奥兹对这个问题想得非常清楚，他知道，即使没有任何来自外界的认可，他还会通过写作的方式向大众传播自己的思想，他所表现的正是内在崇高性。

对于一个具有内在崇高性的人而言，得奖当然是一件令人高兴的事情，但这并不能改变他对自己价值的判断。对他而言，他人不是问题的关键，之所以如此，并非他人不重要，而是他人根本不会也无法取代自己的位置。在这种崇高心理的影响下，一个人不会无时无刻感到自我的存在，不会觉得自己高高在上，也不会计算自己的利益得

---

① 阿摩司·奥兹是当代以色列文坛最杰出的作家，多次成为诺贝尔文学奖候选人，但未能得奖，最终于 2018 年去世。——译者注

失。由于他行动的目的是发现自己的力量而不是获得他人的尊重，现实不但不会威胁到他，甚至还能帮助他更好地认识自己，看到世界美好的一面。他在接受现实的基础上对自己提出更高的要求。相反，傲慢的人总觉得某些人会威胁到自己，并表现得高高在上，无法接受他人，因为只有这样才能让他人显得渺小。

《革马拉》中讲过一个相关的故事：

一个好的客人会说：主人为我做了很多，用好酒好肉和面包款待我，一切都是为了我。

一个不好的客人会说：这家伙到底为我做了什么？我就吃了一口肉、一片面包，喝了一杯酒。这家伙一直在照顾自己的妻子和孩子们。

这两位客人吃的是同一顿饭，却得到截然不同的体验。他们都知道主人的妻子和孩子会参加宴席。第二位客人由于具有外在崇高性，缺少感恩之心。他只有通过否定主人的付出才能提升他在自己心中的价值，根本看不到主人的付出。相反，第一个客人既能看到自己的价值，也能看到主人的价值。

好的客人说："主人为我做了很多。"他相信自己拥有价值，因此主人愿意为他付出。他能看到主人的努力，因此心存感恩。相反，不好的客人却反问："主人到底为我做了什么？"他认为主人的所作所为不是为了客人，甚至暗示主人根本没有努力招待客人。为了贬低主人，他甚至称之为"这家伙"，将所有的错误都归咎到主人身上。

过度在乎他人

像不好的客人那样拥有外部崇高性的人，时刻都否定其他人，其他人不管做什么他都会觉得不舒服。他之所以否定他人并不是因为其他人对他而言不重要，恰恰相反，他在内心深处认为其他人太重要了，所以会过度在乎其他人。他害怕其他人，担心其他人的行为会威胁到自己。通过比较，他发现自己不如他人，因此感到不安，只有通过否定其他人，他的内心才能获得一丝短暂的平静。

而上文提到的"好的客人"根本没必要看不起主人，他在自己心中的形象并不取决于外界，不需要通过贬低主人来让自己显得更高大。他的价值源于自己所拥有的东西，别人拥有什么其实并不重要。

这两个客人代表着人在面对上帝和其他人时两种完全不同的内心活动，这两种内心活动并不能将人分成两类，而是存在于每个人身上。我们大多数人都在这两种活动间不断转换，但我们对待环境和他人的方式会影响我们解读世界的方式。很多时候，我们表现得像那个不好的客人，经常抱怨其他人太自私；还有的时候，我们能够和内在自我相连，在言谈举止和思维方式上更像那个好的客人，我们的生命处于开放状态，接受各种可能性的存在，并不断增强我们与身边环境间的互动。

崇高性和领导力

内在的崇高性与人的整体力量密切相关，尤其是人的意愿力。很多时候，所谓与自己的内心相连，就是听从内心的声音。当一个人知道自己的内心想要什么，他就会主动提升自己的高度。比如一位政治家想竞争国家领袖的位置，那他首先必须发现自己的内心有成为领袖的意愿，不断提升自己的高度。他要向世人宣告，他才是最适合这个位置的人，能够带领国家实现宏远的战略目标。

为什么区分外在崇高性和内在崇高性非常重要？因为如果一个人看不到内在自我，并表现出内在崇高性，那他就不可能具有领导力。

犹太贤哲曾提出这样一个问题：伟大的国王作出各种英明的决策的动机是什么？是人民、大臣还是他们的内心？犹太心灵理论学者给出的答案是他们倾听了自己内心的声音，发现了自己的真实意愿，这被犹太心灵理论称为"王冠"。

一个国王治国理政、颁布命令并不是为了向大臣和民众证明自己的能力，也不是为了取悦任何人，获得其他人的欣赏和尊重，而是为民众的利益着想，追求国家的整体利益。他的价值并不取决于他颁布的命令本身，这只是倾听内心声音的结果。

犹太学者认为，每个人都拥有管理国家的领导力。这种能力既可以用于管理自己，也可以用来管理外在环境。和其他许多能力一样，这种能力就隐藏在我们的灵魂深处。为了真正具备领导力，我们首先需要在灵魂中发现这些内心特质，而要做到这一点，我们要变得高贵，即具有内在崇高性，相信自己的能力。

发现自己的内在崇高性要经过三个步骤。第一步，首先要相信自己可以成为一个崇高的人，即使还没有充分发掘自己的力量，也要相信自己的价值。这一信念能让人变得更加勇敢，眼界变得更加开阔。否则，人无法和内在自我相连，难以领导他人，只能随大溜儿。第二步，人要产生行动的意愿。一旦拥有这种意愿，人的理性和感性的力量都会尝试实现它。人会为自己定下远大的目标，相信自己能够实现这些目标。在最后一步，人在实现目标的过程中会发现自己拥有更多的力量。

在这个过程中我们可以看到，人的领导力和权威并非来自人超凡的能力和智慧，更在于其善于给他人留下好印象，或口才出众。要想成为一个能够服众的领导，人必须要倾听自己内心的声音，与内在自我相连，因为人的内心才是领导力的基础。而且，这样的领导者一定是谦卑的，不会摆架子。他心中存在的成为一名领导者的意愿如同一顶自带光环的王冠，把自己和众人都照得清清楚楚。

赋予价值

具有内在崇高性的人的一个显著优点是他不仅不会贬低和否定其他人，还能看到他人和其他事物的价值。他给其他人以充分的空间，全然接受自己周围不断变化的现实。现实世界中不管多么微不足道的细节都具有价值，当然，这些都是他看到的价值，而不是其他人和事物的客观价值。或者说，这些是他赋予这些人和事物的价值。这可以说是具有内在崇高性的人与具有外部崇高性的人的另一个显著区别。

他对待环境从不愤世嫉俗或不屑一顾，因为他不觉得自己受到威胁，相反，他还认为周围一切都很有意思。

一个具有外在崇高性的人会根据其他人和事物普遍认为拥有的地位和价值来进行评判，只有被其他人认可和追捧的人或事，才能吸引他的注意力。相反，一个具有内在崇高性的人根本不在乎这些外在的标准，毕竟他从一开始就不在乎地位，也不会让这些因素影响自己内心的判断。他拥有自己独立的价值标准体系，不管别人说什么，都不会影响他对事物的判断。但在发挥自己影响力的实践阶段，他又会倾听他人的声音，考虑其他人的意见。也就是说，赋予其他人意义的特点最终转变为在万事万物中发现机会的能力，不管发生什么，他都能发现改变和影响世界的可能性。我们可以继续用约瑟的经历来解读这种能力。

约瑟的早年特别不幸。约瑟的母亲拉结很早就去世了。在他17岁时，约瑟的兄弟想杀害他，把他扔到坑里，最终他被卖给了一群以实玛利商人。他的父亲以为他死了，为他行丧礼七日。后来，以实玛利人把约瑟卖给埃及护卫长为奴，在护卫长波提乏家中，波提乏的妻子污蔑约瑟尝试非礼她，约瑟因此入狱。在狱期间，埃及的酒政和膳长两位大臣也在牢里服刑，约瑟需要侍候他们。酒政和膳长对法老和护卫长充满怨恨，但约瑟则从不抱怨，安心地服侍这两人。

对经历了这一切的人，心理医生一定会判定他会患有严重的精神疾病。在约瑟看来，这个世界显然充满了不公，但他没有逃避，没有自闭，也不尝试报复任何人，相反，他的自我救赎源于他保持了内在的崇高性, 赋予外在一切以价值。一天早晨, 在环境恶劣的地牢中睡醒过来, 他注意到埃及的酒政和膳长情绪不对, 愁容满面。他主动问道: "你们今天怎么了?" 两人说自己做了噩梦。这和约瑟原本没什么关系, 但他请求他们描述自己的梦境。听完后, 他主动帮他们解梦, 虽然自己在他们看来只是一个地位低下的"小孩""奴隶"和"犯人"。在帮助过他们后, 约瑟也没有提出任何物质上的要求, 只是请求他们, 如果他解的梦是正确的, 别忘了在法老前提一提他。

这些难以用常理解释的行为正是源于约瑟的内心活动。为什么要帮助两个成为阶下囚的埃及人? 自己已如此悲惨, 为什么还关心他人的安危? 为什么还有心思听他人的心事?

约瑟知道自己是一个肩负使命的人, 他要照亮这个世界, 解决他人的问题也是照亮世界的方式。他没有自哀自怨, 自暴自弃, 更没有尝试报复社会, 而是超越了个人的痛苦, 察觉到他人的困境, 没有用狭隘的眼光看待自己的生命。

约瑟所体现的正是内在崇高性。他倾听自己内心的声音, 重视他人的价值。在艰难境遇中还鼓励其他人, 说明他认识到自己的价值和能力, 明白自己在当下的使命和职责。正是乐观和热情改变了他的命运, 他最终带领整个埃及走出了饥荒。这个故事告诉我们, 只有认识到自己内在价值的人才能改变世界, 帮助其他人就是帮助自己。

看到其他人和环境的价值并非易事。许多人总是习惯批评和否定其他人, 对此, 施奈尔·扎尔曼拉比曾给过一个建议。当发现朋友或同事存在不好的地方，或无法接受的行为，我们经常会直接指出问题。但施奈尔·扎尔曼拉比建议我们这时把自己看成一个"外邦人"，而不是"本地人"，从而与"充满欺骗性的本地物质世界保持距离"。施奈尔·扎尔曼拉比为什么这样说？

我们可以想象一下，作为以色列人，我们突然来到一个欧洲国家生活，肯定不会特别关心当地政治，更不会对当地政治家的贪污行为感到愤慨，因为那似乎是别人的事情，我们更容易置身事外，超越具体的现实。我们越在乎一件事情，受到伤害的可能性就越大，这让我们的内心更难保持平静。所以，当我们将自己视为一个"外邦人"，自然就不会对朋友提出严厉的指责。

为什么要减少对其他人的指责和批判？道理很简单，指责和批判不利于创造性的产生，这种缺少建设性的行为既无法改变我们身边的人，也无法提升自己，对于世界没有多大意义，只会限制我们的创造力。为了拥有创造力，我们需要的是崇高性、领导力、责任感、眼界和思考。

对于生活在现代社会中的我们，只有把视线从屏幕上转移开，去真正关心发生在自己周围的事情，而不是对世界充满不安，否定现实中的一切，这样我们才能改变自己和他人的命运。以色列·本·以利撒认为，人所说的话能体现他的生命活力。当一个人充满善言，肯定其他人的价值，他就在表现自己的活力，同时让周边环境也变得更有活力。但当一个人只说消极的话，他就在损耗自己的生命活力。

我们总是习惯于认可和欣赏那些成功人士，但不要忘记颠倒思维的重要性。在这个世界上,很多事情的本质与表象是相反的。看似伟大和高尚的人,本质可能并非如此,而看似渺小和平凡的人,很可能实则伟大。我们永远不知道他人的真正价值,但有一点可以确定,在评判价值这件事情上,永远不要只相信外在的世俗价值标准。

第三节

跳跃层级

站立、行走和跳跃

为了成长，我们必须保持活动状态。犹太心灵理论将人的成长状态大致分为三种，分别为"站立""行走"和"跳跃"。当然，人还存在"死亡状态"，即停滞不前，没有任何活动，不过这不属于成长状态的范畴。

"站立"状态所指的并非人站在同一个位置，而是人在活动，但只是在同一个层级进行横向运动，所做的事情停留在同一水平，没有实质性的改变。这种人看似很努力，并且也的确有所进展，但他迈出的每一步都很小。他们害怕冒险，胆小慎微。

在"站立"状态下，人也能不断取得进展，但成长不明显，即使取得了一些成绩，离他出发的地方也不远。有的人在拿到某个领域的学士学位后，终其一生去做这个领域的事情，从来不涉足其他领域，不愿打破自己的局限性。

　　"站立"状态下人的成长方式被犹太学者称为"链条增长"，人的成长就像一条锁链一样，一环套着一环，不管这根链条最后有多长，他永远摆脱不了第一环对他的束缚。

　　我们还可以通过学习方式来理解"站立"状态。在这种状态下，人会严格遵循从易到难的学习规律，然后不断接近问题的核心，不轻易涉猎新领域的知识，也不通过跨领域的方式提出新的观点，更不会打破之前所学内容对他的束缚，提出新的见解。

　　在第二种状态，即"行走"状态下，人在通过自己的努力实现层次的不断提升，打破自己原有的边界，超越自己的局限性，在境界上明显高于"站立"状态。

　　在"站立"状态下，人的发展严格遵循事物的规律和逻辑，也完全对应自己已发现的力量。在"行走"状态下，人不再遵循这套逻辑，不完全受外在事物的限制。其并不否认事物的规律，而是将更多的注意力放在自身，首先战胜自己，打破自己心中的内在局限，然后再寻求具体事情上的突破。

　　在"站立"状态下，人相当于双脚着地，这种状态下的人的成长缓慢而稳健；在"行走"状态下，之前的稳定性被打破，因为每个时刻，人都只有一只脚着地，另一只脚在空中，但同时，由于始终有一只脚在地面上，他成长速度仍然是有限的。在"跳跃"状态下，为了快速进入更高的层级，人双脚同时离开地面，仅仅依靠内在的信念，完全放弃外界给他的安全感。

　　无论在思维上还是在行为上，当处在前两种状态下，人都很难实现本质上的改变。但在"跳跃"状态下，由于人愿意承受更大的风

险，他实现了本质性的改变。为了跳跃，为了学习全新的东西，他愿
意忘记之前自己熟悉的世界，放弃之前已掌握的知识。只有在完成跳
跃过程，双脚着地后，他才会将之前记忆中的旧世界和刚看到的新世
界重新联系起来。

在"跳跃"状态下，人不会用冰冷的逻辑计算自己的得失，而
是不顾一切地追求自己的目标，实现自己的价值，就像一个"死里逃
生"的人一样，什么也阻挡不了他打破自身的局限。

犹太学者经常用"出埃及"一词来描述"跳跃"状态，这里的
"出埃及"指的其实是人从当下困境走向一个全新的层级，两个层
次之间不构成价值上的递进关系。卢巴维奇拉比也谈过"跳跃"的
价值：

> "出埃及"不是一种渐进的改变，如果只是价值上的变
> 化，那就不算"出埃及"，因为"埃及"代表着边界和局限，
> 出埃及意味着摆脱这些边界和局限，来到一个没有边界的地
> 方，属于本质上的变化。只要当下和过去存在价值上的递进关
> 系，就不算"出埃及"。

从高处着手

在"跳跃"的状态下，人必须保持崇高和自信。有时候，一个希
望打破边界的人，必须拥有"跳跃"的勇气，才能给世界带来真正的
变化。那么，从创造性思维和实现潜能的角度，我们应该如何看待和

理解"跳跃"？

其实"跳跃"包含多层含义。一般来说，"跳跃"意味着人为自己设定了远大的目标，超越各种阻碍人行动的局限因素进行宏观思考。在任何情况下，人都可以为自己找到不作为的理由，比如告诉自己时机还不够成熟，有时这些理由还挺有道理，让人不得不接受。还有的时候，身边的人会主动建言献策，提醒我们成功的概率太低，千万不要冒险。

在"跳跃"的状态下，人会拒绝接受这些理由和借口，从更高的视角审视眼前的问题，用更宏观的维度进行思考。

约瑟夫·艾萨克·施内尔森拉比是犹太心灵理论哈巴德运动①的第六任大拉比，他就将"跳跃"视为自己的人生准则。20世纪20年代，他在俄国的经济状况非常差，以至于从圣彼得堡到莫斯科的路费都得向别人借。他在精神上也很痛苦，苏俄革命以后，他很难说服犹太人保持自己的信仰。在莫斯科安顿下来后，他决定募集资金，重振当地的犹太宗教生活，建立犹太学校，鼓励人们过安息日，呼吁人们遵守犹太教饮食戒律。然而，响应他的人寥寥无几，因为当时苏俄政府对犹太人实行高压政策，在那些受叶夫谢克茨亚（苏俄政权负责犹太事务的部门）影响较大的地方，实现这些目标更是难上加难。

约瑟夫·艾萨克·施内尔森拉比感到非常痛苦，他在1928年（从俄国被驱逐一年后）写道："我永远无法忘记那些天我是怎么过来的，不会忘记自己当时的精神状态，每当回想起那段岁月，我都有想

---

① "哈巴德"一词是希伯来语智慧、智力、知识的首字母缩写。"哈巴德"哈西德教派第一代创始人是施奈尔·扎尔曼拉比。——译者注

哭的冲动……我每天观察着局势的变化，直到有一天，我决定不顾一切，不顾他人的评价，一心为犹太宗教事业奋斗。"

　　是什么给了约瑟夫·艾萨克·施内尔森拉比继续奋斗的决心和勇气？他如何战胜他人批判的眼光、度过如此艰难的时局？用他自己的话说，这都源于他的祖父什穆尔·施内尔森拉比所创造的"从高处着手"的概念。什穆尔·施内尔森拉比曾写道："很多人说，如果不能从低处着手，就应该从高处着手。我则认为，从一开始人就应该从高处着手。"换句话说，大多数人认为，当事情用通常方式无法正常推进时，人们需要寻找逾越困难和障碍的方式，但什穆尔·施内尔森拉比认为，人从一开始就应该选择逾越困难和障碍。

　　约瑟夫·艾萨克拉比说："这篇文章对我的影响非常大，从此以后，我不再听从那些试图说服我等待下去的人。"

　　"高处"代表的是提升和超越，从高处着手要求我们从一开始就不去考虑自己所处的具体位置，而是要追求更高的层次。这与通常人们认为的从低处开始，遇到困难再转换思路的路径截然不同。

　　从高处着手体现了人对视野和思想的力量的信念。一个不相信思想力量的人永远无法给世界带来大的变化。越愚钝和粗俗的人，越看重物质，越缺乏宽广的视野和长远的目光。

你为什么要笑？

　　从高处着手的思想并非由约瑟夫·艾萨克拉比或他祖父首创，而是犹太思想中长期存在的一个核心观点。

阿基瓦拉比是口传律法之父，《塔木德》中甚至提出"一切以阿基瓦拉比为准"的原则。犹太人的第二圣殿被罗马人毁灭后，阿基瓦拉比和另外三位以色列贤哲一起来到罗马。当拉班·迦玛列拉比、以利亚撒·本·亚撒利亚拉比和约书亚拉比听到罗马人的欢笑声，看到他们的幸福的生活，不禁悲从中来，开始哭泣。看到这一场景，阿基瓦拉比居然笑了起来。三个人问他：你为什么要笑？他反问他们三人：你们为什么要哭？他们说：你看看我们，再看看他们！他们生活得如此快乐，而我们的圣殿已被烧成废墟，我们能不哭吗？阿基瓦拉比说：这恰恰是我开心的原因；罗马人都能取得成功，那我们以后也能成功。听到他这番话，另外三位贤哲无言以对。

又过了一段时间，他们几人又一块儿同行，不过这一次是回耶路撒冷。一路上他们遇见了许多惨不忍睹的景象，之前的一幕再次上演。走到瞭望山时，他们已衣衫褴褛。来到圣殿山，他们看到居然有狐狸游荡在当年圣殿所在处，三位拉比又开始哭泣，而阿基瓦拉比又笑了。他们问道：你为什么要笑？阿基瓦拉比反问：你们为什么要哭？三人说，当年大祭司每年进入一次的神圣之处，现在居然成了狐狸聚集地，怎么能不哭？阿基瓦拉比说，这正是他笑的原因。这一次，三位拉比明白了阿基瓦拉比的用意，异口同声说道："阿基瓦给了我们最大的慰藉。"

笑声和喜悦一般来自令人惊喜的发现，在第一个场合，阿基瓦拉比之所以笑，是因为他懂得人不能向困难妥协，他后来把这个思想教给了自己的学生们，并得到了学生的继承和发扬。他告诉学生，每当深陷困境，应当从高处着手改变现实，而不是让自己从绝望走向更深的绝望，从低处沉沦向更低处。他鼓励追随者们，环境越是困难，越要向前看，视野越要宽广，要相信事情会向好的方向发展。

这种观念并不是简单地鼓励人们克服当下的困难，毕竟，有时我们很难通过畅想未来的方式来接受当下。在第二个场合，三位拉比就悟出了阿基瓦拉比的思想。他之所以会笑，并不是因为未来会有多么美好，而是因为他们已经走在正确的道路上。阿基瓦拉比让他们明白，当人从高处着手，拥有崇高的理想和宽广的心胸，就不会被困在当下，他的内心也不会被眼前的事情伤害。在他看来，自己遇到的所有危机都是走向成功的阶梯。的确，犹太教一直认为，危机能让我们明白，我们有能力把事情做得更好。所以，苦难和危机是人开始成长的第一步，也是必不可少的一步。整个世界都在危机和困难中发展，当我们理解了这一点，所有的困难便不再是阻碍我们前进的绊脚石，而是通往成功、实现成长的关键。因此，我们不应该凝视这些困难，或全然地体验这些困难给我们带来的痛苦，而应当寻找直接"跳跃"过去的方式。

阿基瓦拉比的建议可以运用到生活中的各个方面。盖伊·川崎也提出，思维的跳跃是创新的基础。在他看来，人在看待事物的方式上应当遵循跳跃而不是渐进的原则，跳跃能带来思维能力的提升。

犹太心灵理论提出，"站立"和"行走"的状态不足以让人成为一个具有创新性的人。盖伊·川崎曾谈到过人类从马车时代向汽车时代的转变，当马还是最主要的交通工具时，很多人都在思考如何高效地清理大街小巷上的马粪，但还有的人则完全在另一个层面，在思考如何迎来汽车时代。如果没有这些人，我们大概现在还停留在马车时代。

需要指出的是，在实现思维的跳跃后，人还需要将之付诸实践，否则这种跳跃就没有任何意义。但从创造性思维的角度看，思维层面比实践层面更关键，只有当一个人关注事物的本质，愿意进行"跳跃"，敢于承担风险时，他才能充分地体验自己的生命之旅。

从内塔尼亚到纽约时代广场的跳跃

在商业领域，世界知名富豪伊扎克·特苏瓦的经历可以为我们提供从高处着手的案例。我们在以色列南部的一个规模不大的婚礼上见过面，当时，安息日晚餐快结束，一些客人来到新郎和新娘这一桌纵情歌唱，伊扎克·特苏瓦也加入进来。唱完一曲后，大家请他发表讲话。

"有的人很成功，但他们确信成功都是由于自己的努力，这是他们应得的，和别人没关系。还有的人也一路向上攀登，但他们认为，自己能有今天离不开之前一代代人的努力，自己只是其中的一环。就我而言，每当我回首自己走过的路，我都认为，我所取得的成功并非属于我一个人，甚至与我没有多大关系。"特苏瓦对同桌的年轻人说道。在他看来，拥有这种意识是实现跳跃的前提。

他接着说："但是，我还想告诉你们，单纯拥有这种意识是不够的。我们还要勇敢，敢于承担风险，同时要相信自己，也相信这个世界。如果不付出努力，不进行尝试，那么我们将永远无法发现自己的天赋所在。我的家庭来自利比亚，以色列建国后，当地政府对犹太人进行迫害，我的祖父在一所犹太会堂被谋杀，我们全家不得不移民到以色列。我的家庭很大，有12口人，刚到以色列时一家人生活很不容易，我只能跟着祖母生活。我12岁就开始打工，17岁半进入格兰尼旅①，在一个负责军队工程建设的军事单位服役。当时我的指挥官不怎么管事儿，一般来说，战士们都喜欢这样的上级，军旅生涯会轻松很多。但总得有人干活啊，我就是那个干活的人，在很短的时间内我就学会了阅读工程计划书，做了很多之前没接触过的事。不久后，所有建筑方面的事情都绕过指挥官，直接由我来对接。这时我已经20岁，到了退伍的年龄。军队领导找到我，希望我能成为一名职业军官，继续负责这项工作。但我拒绝了，这是我人生中的重大选择。我告诉他们，我非常喜欢这份工作，但我希望以地方人员的身份来承包这些工程。听到这一席话，上级领导满脸疑惑，毕竟，我当时连在杂货店买糖果的钱都没有。我说，你们先给我一个项目，看我能不能完成。他们答应了，然后一个项目接着一个项目都由我来完成。我从不惧怕学习新的东西，所以事情的进展很快，当然，那些年着实不容易。27岁时，我已经有了很多的积蓄，完全可以停下来安享人生。如果缺少对自己的信念，不相信上帝在不断帮助我，我当时大概真的会选择退休，不再冒险，也不会走到今天。我希望你们也能相信自己，能够在自己所做的每一件事情中发现自己的天赋和使命。"

在离开部队的五六年后，特苏瓦赚到了几百万谢克尔，但他并没有退休，现在他的资产大约有几十亿谢克尔，而且他每天还在努力

___
① 以色列国防军一支驻扎在以色列北部的步兵旅。

工作。他说，之所以继续工作，是因为他相信这是自己必须履行的职责，什么也不能阻止他前进的脚步。这一信念也让他充满信心、决心和勇气。他反复强调，我们每个人都是锁链中的一环，如果一个人不履行自己的职责，只在乎自己的利益，那么这条锁链就会变得脆弱，人也会失去自己生命的目标和意义。

1998年2月，特苏瓦又实现了惊人一跃。作为一个规模中等的工程承包商，他从雷卡纳蒂家族那购买了德雷克公司的大部分股权，实际控制这家市值超过10亿谢克尔的公司。

在一个周末的时间内，他筹集了大量资金来购买股权，同时，雷卡纳蒂家族也向他开出了诱人的条件，希望夺回对公司的控制权，但最终，他买下了这家公司全部的股权，做出这一决定需要极大的自信，也是"从高处着手"思维方式的完美体现。

通过这些交易，他登上了以色列商业界的顶峰。在回忆那个周末的时候，他说道："当时我的内心难以平静，我知道，自己期待已久的'大事'即将发生，这是我多年的梦想，是我人生中里程碑式的事件，也是一个重大转折点。"

另一个体现特苏瓦"从高处着手"的事件是他买下纽约时代广场酒店。客观地说，高价买下酒店，并进行重新装修和销售，从商业角度来看是一件非常冒险的事情。该酒店位于美国纽约第五大街和公园大道交岔口附近，是世界上最著名的酒店之一。1988年，唐纳德·特朗普以3.9亿美元的价格购下此地，7年后以3.25亿美元的价格卖给了沙特王室。2004年，特苏瓦决定以6.75亿美元的历史高价购买这家酒店。许多纽约人嘲讽说："除非在酒店地底下挖出石油，不然这绝对是一门赔本生意。"尽管承受了巨大的压力，包括来自本公司成员的反对，特苏瓦仍毅然完成了这笔交易，并将酒店的一部分房间改造为高端住所。装修后的酒店有282套房间、152套高端公寓和一个高级购物中心，最终，他收获了可观的利润。

特苏瓦发现了世界最大的天然气田的案例也体现了他"从高处着手"的思维方式。在收购德雷克集团后，在出差前往日本的航班上，他在财报中发现公司有一大笔闲置资金。随行的专家解释说这是钻井经费。他质问道，既然公司有钻井的资质，为什么不使用这笔钱进行油气勘探和钻井？专家回答说，这纯属浪费钱，之前已经尝试过几十次甚至上百次，什么也没有发现。他对身边的人说，记住，从日本回到以色列后，立即组织团队进行钻井。后来德雷克公司安排了11次钻井，在第9次钻井时发现了世界上最大的天然气田——利维坦和塔玛尔天然气田，正是特苏瓦的思维跳跃能力改变了以色列乃至整个中东的能源地图。

伊扎克·特苏瓦让我们明白，人之所以工作是为了履行自己的职责，而想要做到这一点，必须拥有跳跃的能力。如果工作是为了收入，而不是使命，那你将永远无法实现跳跃。

人人皆可为之

需要指出的是，从高处着手并非成功人士的特有能力，或只属于那些勇气过人、思想自由和喜欢冒险的人。在约瑟夫·艾萨克（拉亚兹）拉比看来，这一来自犹太教的思想应当上升为现代人类生活的核心原则。这一原则每时每刻都会对人生产生深远的影响，不局限于困难和危机时期。拉亚兹拉比的继承者卢巴维奇拉比也在很多场合强调了"从高处着手"的重要性，有助于人们维持犹太教生活，致力于宗教学习，修正自己的品质，取得商业上的成功，并应对生活中的各种危机和困难。

根据这种思想，每个人都应当同时在两条看似相反的道路上努力，一条是渐进、有序的道路，人根据具体的环境来不断发展自己的能力。另一条道路是超越边界，打破限制，跳跃到更高的层次。犹太心灵理论的贤哲认为，只有同时兼顾这两条道路，一方面日积月累，另一方面忘记过去，勇敢跳跃，这种人的努力才是完整的。约瑟夫·艾萨克拉比说："秩序是做任何事情的基础，能给个人和集体带来成功。在生活中，我发现很多人虽然才华横溢，但缺少规划和按部就班的努力，最终泯然众人，一事无成。"但另一方面，一个有创造力的人会不断寻找"虫洞"，即在合理的时间和地点进行跳跃，打破之前所有的秩序和安排。

其实，犹太历本身就体现了这两种方式的融合。众所周知，穆斯林的历法属于月历，由月亮绕地球公转的平均时间计算得出。基督教的历法属于太阳历，将一年平分为12个月，完全不考虑月相。犹太历则将月历和日历统一起来。在犹太历当中，月份（希伯来语当中月份的词根本身就有更新之意）由月亮的运动决定，但年份则由太阳的运动决定，每隔两三年就会增加一个闰月。

太阳的照射从未改变，代表着规律性的工作，月相则在不断变化，代表着创新和跳跃。传道书有言："已有的事，后必再有；已行的事，后必再行。日光之下，并无新事。"对于这段经文，有一种解释是：日光之下，不会有新的事情出现。只有在日光照射不到的黑夜，才会有新的事情出现，比如月的阴晴圆缺。

犹太历之所以将日历与月历融合在一起，本质上是为了将永恒与创新相结合，将脚踏实地的工作与跳跃相结合，将内在自我与创新意识融合在一起。古代圣贤曾用"一切照旧，偶增新意"的话语来描述犹太圣殿的工作，犹太心灵理论者也用上文提到的思想来解释这句话，其认为在圣殿当中，每天有很多工作是例行性的，包括在普通的日子和安息日，甚至赎罪日，但还有一些计划之外、包含新意的工作，比如人们在安息日、犹太新年和其他节日的献祭。

"一切照旧，偶增新意"正是对这两种工作方式的总结，前者代表有序、渐进和有限制的工作，后者代表打破秩序和等级的工作。跳跃是一种高层次的能力，人应当在合适的时间打破之前的工作节奏，从而实现跳跃。

世界犹如一场婚礼大餐

犹太心灵理论试图传达的观念并非人们应当在大多数时候进行例行工作，偶尔抓住机会进行跳跃。恰恰相反，正确的内心运动状态是平时的工作也应当拥有创新精神，随时做好跳跃的准备。也就是说，"照旧"当中也存"新意"，人时刻都应当做好拥抱变化、打破秩序的准备。

古代贤哲还说过"世界犹如一场婚礼大餐"这样的话。为何如此说？婚礼是男女的结合，男人和女人在很多方面是相反的，这种结合能产生无限的力量，这也是为什么所有的婚礼都充满了喜悦的气氛。同样，在个人层面，人的精神和身体的结合也能产生巨大的力量，人一方面生活在充满明确规则的物质世界，另一方面人又需要不断提升自己的精神，发现自己的愿望，制定相应的计划，从而在生命中发现更强大的内在力量。在婚礼上人要"尽情吃喝"，不错过任何美好的事物，殊不知，我们所处的世界时时刻刻都是一场婚礼，我们时刻都应该畅饮人生。

将我们在世界的生活比作婚礼的另一个原因在于婚礼是喜悦的源泉，所以，我们的自信心，从高处着手的心态，以及看待生命的方式也应当以喜悦为基础。这种喜悦并非源于对未来美好事物的期待，而是将未来的美好提前到当下，从而改变当下的现实。卢巴维奇拉比在讨论健康问题时举了一个例子：

一般情况下，人们会在自己身体健康后才会感到喜悦，但如果从高处着手，人应当将这种喜悦提前，即使此刻还没有表现出健康的特征，因为心态的改变能加速人的康复，正如犹太谚语中常说的，积极的思想能带来积极的结果。

哪怕外界找不到任何让我们感到喜悦的理由，我们也要保持喜悦的心情。喜悦必然带来改变，一个喜悦的人相信一切会失而复得，事情会朝着好的方向发展，所以人没有什么理由不开心。积极的心态会提升人的境界，美好的事物终将发生在他的身上。

　　但这两条道路的融合也有需要注意的地方，第一，我们要记住，跳跃不等于飞翔，哪怕我们制定了远大的目标，并信心满满地去追求这一目标，我们也要保持头脑的清醒，认为自己无所不能是一件非常危险的事情，这会导致自我膨胀、迷失自我、无法成长。跳跃最终是为了修复自己的品质，是一种由内而外的努力。在某种意义上，"照旧"正是为了保证人从高处着手不会演变为天马行空、不着边际的行为。

　　需要注意的第二点是，从高处着手并不意味着自己优于他人，这是一种内在的提升，而不是要否认他人的价值，而且，在这种心态下人们往往会给予他人更多的空间。如果在这一过程中我们对他人产生成见，不管是对自己的孩子还是对配偶，这都说明我们在方向上存在问题，这必然会带来不理想的结果，因为这种以自我为中心的倾向最终会阻碍人的进步。

第四节

打破局限

为了改变世界，发现世界上的新事物，有所创造并取得成就，人首先就要改变自己，因为内心才是一切创造力的源泉。无论是创造性思维还是为生命注入更多活力，人必须打破内心的局限。当自身的局限被打破，所有的边界和规则就将无法阻止人提升到新的境界。

并非只有身处困境或碌碌无为的人才需要打破局限，即使对生活很满意的人来说，这项任务也不能逃避，因为人活着就是要不断攀登高峰，超越自我和创造新事物。如果不打破局限，人便无法具有内在崇高性，更看不到各种事物的价值所在，亦无法采用"从高处着手"的方式进行思考。

内心剖析

犹太经典文献详细论述了人的内心结构，包括其力量与"外衣"，并识别了可能影响人充分发现和展示自己内心力量的障碍。正是这些障碍让人无法得到发展和提升。因此，犹太心灵理论语境中的打破局限指的就是清除影响人们发现自己内心力量的障碍。

关于犹太心灵理论对这些障碍的描述和修复，我们可以从医学的角度进行理解。心血管科的医生在学习阶段首先要了解健康的心脏是什么样子，这种参照作用在心脏病学中至关重要。只有充分认识和理解了血液在正常状态下的流动形式，医生才能科学地对胸闷患者进行诊断。如果症状严重，医生可能会让病人做心脏内窥镜检查，以确定心血管是否堵塞。拿到检查结果后，医生需要比较这位病人的情况和健康者心脏的差异，并最终确定治疗方案。

同样，犹太心灵理论也对健康和活跃的内心进行了整体描述和剖析。在这一描述的基础上，人们才能发现影响自己发现内心力量的障碍，为下一步清除这些障碍的工作做好准备。当然，心脏病专家只关注心脏的机能，不会在乎病人的生活方式、心理状态和营养摄入等因素，因为这些属于其他专业人士的工作。犹太心灵理论文献则不满足于对健康的内心结构的描述，还在此基础上提出了清除这些障碍的工具和方式，帮助人拥有健康的内心生活。

对内心结构的具体描述超出了本书的范畴。正如我在序言中提到的，《战胜每一刻》和《提升的艺术》当中包含对这些问题更详细的论述。在本章，我们主要从创造性思维的角度来理解内心的力量及其阻碍性因素。

健康人内心力的量处于流畅而充分的运行状态。打破局限就是为了清除内心的障碍，确保其正常活动，使人能够充分发挥自己的潜力。

哪些是内心的局限性因素？简言之，局限性因素就是阻碍内心发展的因素，但其根源还在于内心力量，尤其是理智与情绪这两种力量。理智与情绪都属于内心的限制性力量，只有打破了这两种力量带来的局限，人才能真正实现自己的生命目标。

那么，理智与情绪发挥了哪些限制性作用？这其实包括了多种类型，第一类是自然阻碍，每个人天生都存在某些特点和倾向，人最艰巨的任务之一就是应对这些与生俱来的倾向。每个人存在的具体问题都不同，而且由于其具有先天性，改变这些倾向的难度也很大。第二类属于后天习得的阻碍性倾向，这些倾向通过习惯的作用内化为我们的一部分，影响我们的成长和力量的发挥。

我们也可以通过应对方式来对这些阻碍力量进行分类。有的阻碍需要有意识的行为才能清除，还有的只需强化其他内心力量，自然便可达到目的。

阻碍力量之一：不良情绪

一个抑郁症患者，不管多么有才华，都很难发挥自己的创造力。受情绪影响，他的智慧无法得到充分施展。一个焦虑的经理，内心始终难以平静，他不愿意冒险，也无法成长；一名指挥官如果抗压能力不足，那么他很难进行冷静的思考，无法在瞬息万变的战场发挥自己的创造力；就一名即将参加一个重要考试的年轻人而言，巨大的压力也可能让他的思维能力陷入瘫痪，难以专心备考，总想着万一没考过会怎么样，如果复习材料看不完又会怎么样，结果什么内容也看不进去。

影响创造性思考的首要阻碍力量就是不良情绪，包括愤怒、悲伤、焦虑、嫉妒和麻木等。大多数夫妻关系和亲子关系之所以能保持融洽，就是因为他们看到了修复不良情绪的重要性。但为什么这一点对创造性思维而言也很重要呢？

很多人一提到创造性思维，脑海中就会浮现出一个不修边幅的科学家的形象。这个科学家几乎从不休息，性情古怪，沉浸在自己的科研活动中，完全与外界隔离，没有任何的社交生活。但从犹太教的观点来看，这个刻板印象是有问题的，因为创造性思维的前提是拥有健康而积极的情绪。为何如此？因为人内心的不良情绪会影响其他内心力量的发挥，包括理性思维能力。想想上一次自己火冒三丈或忧心忡忡的样子，大家就会同意这一点。即使你在理性层面知道自己没有任何理由生气或焦虑，但仍然无法控制住自己的情绪。

不良情绪会限制我们的眼界和视野。当一个人被愤怒、悲伤或焦虑的情绪所笼罩，那他就很难看到世界的真相，只能盲从于世界的各种基本假设，并被这些观念所控制。当人陷入不良情绪，人的理性将难以引导自己的情绪，大脑无法进行自上而下的活动，即接收来自精神层面的启发；而是进行自下而上的活动，即理性在情绪的裹挟下解释不良情绪的合理性，比如认为自己是环境的受害者。

不良情绪还会让我们失去内心的平静。内心不平静，人就难以专心做事。一个内心平静的人并非没有需要解决的问题和应对的挑战，他们能够冷静地观察和思考，善于改变看待事物的角度。他所做的一切都是在实现自己的愿望，发现新事物，而不是出于不安全感或不满足感。相反，一个内心不平静的人，其内心力量也会是分散的。犹太教内心理论在很多方面和人们普遍持有的观点不同，比如，大多数人认为压力有助于加强人的专注力，但犹太教不这样认为。在压力下，人无法高效地阅读、学习、提问和进行抽象思考，活在自己充满恐惧的小世界中，难以打破局限。如果没有积极的情绪，人很难拥有行动力，在内心深处不相信自己能改变现状，因此不会进行任何尝试。不仅如此，人在不良情绪的作用下还很难包容他人，不愿意进行团队合作，难以接受与自己相左的意见，最终不利于创造性氛围的营造。

良好情绪和不良情绪的区别

如何区分良好情绪和不良情绪？每个人都存在不良情绪，人的任务是克服和战胜这些情绪，激发自己正确的情绪。在犹太学者看来，人的所有经历和环境都是他应对这一挑战的背景和条件。《战胜每一刻》一书引用了施奈尔·扎尔曼拉比的话："犹太心灵理论的终极目标就是修复人的自然品质。"以色列·本·以利撒拉比也说："人在世界上保持健康的核心在于打破自己的不良品质。"

情绪是内心的驱动力，不断催人上进。确切来说，这是良好情绪的作用。良好情绪能让人通过行动拉近自己与世界之间的距离，增强人对世界的归属感。贤哲指出，当人热爱某一事物时，他的内心和身体都会向其靠近。不良情绪则会带来相反的结果，让人远离世界和现实，不愿采取任何行动，人的内在力量将无法得到充分的体现。如果没有积极情绪，我们什么事情也不想做，缺少走出自我、改变世界的愿望。在这方面，悲伤情绪体现得最为普遍。犹太经典文献详细讨论了不同类型和不同强度的悲伤情绪。根据施奈尔·扎尔曼拉比的观点，悲伤源于人的"原始品质"，希望事情按照自己预想的方式发展，一旦两者不一致，就很容易产生悲伤感。

另一个经常出现的情绪是愤怒，包括发脾气和生闷气。在愤怒情绪的作用下，人试图否认伤害到自己或与自己相左的事物，不愿接受当下的现实。犹太经典著作对这种情绪大加批判，贤哲曾说："如果一个聪明的人生气，智慧就会离他而去。"早期贤哲还说："所有的愤怒都让人成为奴隶。"迈蒙尼德也警告人们：

> 有的品质必须尽可能远离……愤怒非常可怕，属于人要尽可能远离的品质，人要告诫自己，即使有值得生气的事情，也不要愤怒。

犹太学者之所以如此反对这种情绪，除了其造成的破坏性后果，还由于愤怒情绪让人无法接受其他的现实。根据犹太创造性思维，悲伤、愤怒和其他不良情绪都容易将人局限在狭小的现实空间内，难以超越自我和进行创造性思考。

区分良好情绪和不良情绪最好的标准就是看这种情绪在拉近人与

环境的关系还是让两者疏远，或者说看一个人是愿意积极行动起来，还是什么也不想做。根据这一标准，一个年轻人总是睡懒觉，缺少行动的意愿，可被视为一个非常危险的信号，这说明他的驱动力不足，没有任何积极情绪激励他赶紧起床，行动起来，并"征服世界"。创业者也可能由于缺少信心和信念而陷入不良情绪中，不愿起床，打不起精神，不相信自己的愿景能成为现实。

不良情绪从何而来？

犹太心灵理论将情绪和性格倾向称为"米多特"①，这个词在希伯来语中有中庸和温和之意，其原因在于，当不同情绪融为一体，可表现出温和的特点。在融合状态下，各种情绪特点能够相互接受和相互影响，就像人一样，每个人都可以影响他人，也可以向他人学习，即使他们是商业对手或政敌。如果人能拥有对他人的基本认同，即使存在分歧，也不会觉得自己受到他人的威胁，避免与他人陷入你死我活的战争。

但不良情绪则难以相互融合，不具有温和性。强烈的负面情绪难以接受其他情绪的存在，因而会阻碍人内心力量的展现，不论是情绪力量还是理性力量。比如，当人感到愤怒时，这种情绪会以极端的形式表现出来，完全控制人的内心，愤怒之外的情绪没有了存在的空间，理性力量难以通过分析更多关于现实的细节和真相来减轻人的愤怒感。

无法相互融合的不良情绪的另一个特点是使人视自己为世界的中

---

① 单数形式为"米达"，复数形式为"米多特"。

心和最重要的存在，将自己的定位定得特别高，无法接受外界对自己的讨论和评价。人会因此付出沉重的代价。

而且，压力感、焦虑、悲伤、嫉妒和强势等不良情绪还会带来许多身体疾病。当我们缺少融合不同情绪的能力，各种心理疾病和生理疾病将接踵而至。

自私倾向产生的不良情绪具有先天性，属于灵魂的默认属性，不依赖于人的任何主动行为，而且这些情绪会在生命初期就表现出来。相反，催人上进的良好情绪并不具有先天性，是人通过后天的观察和有意识的选择而获得的。

我们可以在虚拟现实游戏室体验到自然情绪特点的强大力量。在房间的中央摆着一个15英寸宽、2英寸厚、几英尺长的木板，任何行动正常的人都可以顺利地从上面走过去。但提前让人戴上3D眼镜，从中看到自己坐在高速上升的电梯里，然后电梯的门突然打开，眼前出现的是一块一模一样的木板，只不过从眼镜中看到木板横跨在两座高楼之间，人的任务仍然是从木板上走过。

所有参与者都有相同的体验，明明知道自己仍然在自己刚才买票进入的房间，但还是感到万分恐惧，如果没有引导员在旁边扶着，一步都不敢往前迈。

这个例子说明，人的情绪很多时候在力量上强于人的理性的，会在人毫无意识的情况下产生并发挥作用。不良情绪的先天性和第一性也体现在保持身体健康和心理健康的差异上。要想保持身体健康，我们要尽可能回归自然，吃纯天然的食物，保持锻炼的习惯。如果食物中含有我们从未见过的成分，大多都是人工添加物，最好不要碰，这些远离大自然的加工食品大多不利于我们的身体。

然而，心理健康却完全相反。在自然状态下，人会将自己置于世界中心，产生包括悲伤、恐惧、焦虑和压力感在内的不良情绪。这种自然状态极具破坏性，要想保持心理健康，我们就必须理解和引导自己的自然情绪。为了保持身体健康，我们也要战胜自己的自然倾向，尽管食物能直接决定我们身体的状态，但想吃什么更多还是一个心理问题。在现代社会，面对各种诱惑和选择，人需要付出极大努力才能保持贴近自然的生活方式和健康的饮食方式，这种努力都可归为后天的努力，也体现了应对和清除内心障碍的方法和路径。

如何应对和战胜自然情绪

如何应对不良情绪？这个问题价值千金。

我们之所以生来具有不良情绪，就是为了后天去克服它。不良情绪让我们回到原始状态，具有欺骗性，让我们认为未来一定有不好的事情发生，他人不喜欢我们，自己不会成功，世界在同我们作对，或认为我们应当得到更多。不良情绪让我们永远生活在恐惧之中。

要想克服不良情绪，我们就需要持之以恒地学习，学习内心结构、内心的各种机制、自身的力量以及战胜内心斗争的工具。就像保持健康饮食和锻炼一样，这种学习应当贯穿人的一生。

人永远不知道未来自己将处于哪种情绪状态，就像谁也无法预知自己的幸福。人能做到的就是战胜每一个当下，在内心的斗争中获胜并不意味着我们未来可以免于这种斗争，毕竟，内心斗争是无休止的，但我们可以不断增强自己的斗争能力，将自己历练为更强大的战士。这就突然像让一个普通人去跑马拉松，他一定会感到很为难。但如果他坚持训练，持之以恒地跑下去，用不了一年的时间，他就会跑出自己之前难以想象的距离。当然，在寒冷的冬天，坚持训练仍然是一件痛苦的事情，但没关系，他已经成为优秀的跑步运动员，知道如何克服这些困难。同样，之所以要坚持内心的修炼，目的也是成为一名知道如何赢得内心斗争的战士。

本书没有足够的篇幅来详细解释内心修炼的方法，只能提一些同实现潜能和创造性思考直接相关的内容。我们假设有两个人出现争执，难以忍受对方。要想解决矛盾，他们在第一个阶段要减轻自己内心对彼此的愤怒情绪，这样才能给予对方最起码的尊重，实现正常相处。在第二个阶段，双方要能够从对方的角度进行思考，甚至认为自己在对方的处境也会做出同样的行为。在第三个阶段，双方不但彼此尊重和理解，还能相互合作，彼此接受。

应对那些无法彼此融合的情绪，我们也应当遵循同样的步骤。人首先需要弱化最为强势的情绪。如果不良情绪是源于自私倾向，那么人首先应当不再把自己置于世界的中心，而要做到这一点，人必须充分运用自己的理性力量，采用不同的看待事物的方式。最难的是应对脱离内在自我的"混乱"状态，因为这时理性力量很难发生作用。如果缺少与内在自我的连接，所有的情绪都试图在内心占据统治地位。为了实现不同情绪的融合，当成功减弱了情绪的强度后，人必须连接自己的内在自我，只有当人无条件地接受自己，才能理解他人，从而与他人合作。

简言之，战胜不良情绪的内心修炼包括放弃自己的中心地位，连接内在自我，改变看待和理解世界的视角。从这个意义上看，创造性思考的基本原则要求我们清除这些阻碍，同时，采纳和实践这些原则也能帮助我们更好地清除这些阻碍。因为这些原则能提升人的境界，为生命注入更多的活力，使人能够更好地克服不良情绪。

阻碍力量之二：不做选择和错误观念

在以真实形式呈现一切的神性世界中，情感力量是高于理智力量的。我们的情绪拥有更强大的力量，能给我们的生命带来更深远的影响。但我们所生活的世界以颠倒的方式呈现一切，因此，在现实生活中，我们可以也应当用理性来影响和引导情绪，只有这样我们才能不断超越自我，使情绪成为创造性活动和理性活动的动力源泉，但前提是情绪不能过于强烈或走向极端，否则我们难以清醒地思考。

人通过主动选择来保持理性对情绪的引导。当人选择承担起自己生命的责任，他才能不断改变自我，创造全新的现实。当一个人不做选择，理性就无法发挥对情绪的引导职责。根据犹太经典著作《佐哈尔》所述，人脑分为智慧之脑、知性之脑和观念之脑，人通过大脑的观念力量来做选择。智慧的作用是带来智慧光点，即创新和创造的灵感，知性的作用是描述和扩展智慧光点，但知性所描述的图景也可能让人无法看到智慧光点，正如《佐哈尔》所言，知性创造图景，但图景也可能遮蔽智慧光点，像泛滥的河水般冲走一切。知性的力量能将现实拆解为细节，使人能够与这些细节产生联系。观念的作用使人发现事物对自己的重要性，并做出最终的选择。

人必须调动主观能动性才能做选择，而有的人之所以不做选择，是因为他所拥有的许多错误观念阻止了他对自己的情绪世界负责。这些观念和意识会不断被强化，最终让人失去对情绪的控制。当人不积极运用自己理性的力量，这些错误的观念就会被自然接受。接下来，我们来具体了解这些错误的观念。

第一种错误的观念是认为一切由命运决定，人无法通过主动选择来规避困难，只能负重前行。在这种观念的作用下，人认为自己无法改变任何事情，于是放弃通过创造性思维来发掘自己的潜能。犹太人认为一切皆可改变，这种自我设限的观念与犹太人的思想背道而驰。犹太人甚至认为，即使别人将利剑架在自己脖子上也不能绝望，也要寻找改变现实的方式。

第二种错误的观念是认为不良情绪本身是有价值的，如果没有出现得过于频繁或表现得过于强烈，就没必要进行人为干预。负面情绪具有强大的扩散能力，这也是其危险所在。而且，当一个人陷入压力、焦虑或愤怒之中，他会很大程度上丧失了理性引导情绪的能力，不去分析影响自己的错误观念，这同身体上的疾病是同样的道理，一个糖尿病患者绝不会突然莫名其妙地得病，而是长期忽视了对自己身体的照顾。

自私倾向也属于错误观念。一般来说，一个人的自私想法越多，就越难体现出创造力。自私的思想会减少人的心智活动。

第三种错误的观念是认为不良情绪是自己的有机组成部分。其实，不良情绪属于外在力量，如果能意识到这一点，人就不会认同这些情绪，更不会认为这是内在自我存在的缺陷。我们没必要生活在不良情绪之中，但我们要战胜的对手并不是这些情绪本身，而是带来这些情绪的错误意识。

第四种错误的观念是，人不仅难以摆脱不良情绪的影响，还会对这些情绪形成强烈的依赖感，很享受成为受害者的状态，因此放弃抵抗。这些人不去主动选择自己思考的内容，让不良情绪在他内心肆意发泄。

理性的作用是改变人们看待现实的视角。什么是正确的视角？根据犹太心灵理论，人要相信现实并没有同自己作对，而是在帮助自己。哪怕不得不经历困难和挫折，这些事情也是为了帮助人实现超越和改变，发现内在的力量。主动选择意识之所以重要，就在于其能让人脱离充满局限的当下，摆脱受害者心态，拥有更宽广的视野，看到世界对我们的帮助。理性力量能够帮助我们从先天的自私倾向中走出来，削弱不良情绪的影响，增强我们的专注力，让我们更好地理解外在世界，并拉近自己与世界之间的距离。

阻碍力量之三：理性失去对情绪的影响

这一阻碍力量影响到理性与情绪之间力量的正常流动，使我们的理性与感性相互分离，导致理性无法影响情绪。比如，我们明明知道自己没什么必要生气，但还是控制不住自己，并最终付出沉重的代价。

施奈尔·扎尔曼拉比曾详细论述过这一内心障碍，认为其影响尤其大，因为单纯获得新的见解和知识并不能有效清除这一障碍，必须将这些见解和知识融入自己的生活。情绪是理性的动力源泉，如果人没有在情感上接受这些见解，那么根本无法将其转化为行动。

施奈尔·扎尔曼拉比认为，在正常的内心状态下，人的理性和情绪之间必须保持通畅，只有这样，人才会对生活充满激情，愿意付出努力，热衷于发现新的思想，产生新的见解。如果表现出这些特征，人的生命活力能够从大脑顺利流向身体其他部位。但是，正如连接心和脑的颈部要窄于头部，连接理性和情绪的"通道"也很窄，很容易堵塞，这种堵塞的状态被称为"内心麻木"。

一个人要想保持内心的熊熊烈火，让自己的生活充满激情和希望，那就必须疏通理性和情绪之间的堵塞。如何才能做到这一点？如何才能避免看似一成不变的生活、源源不断的烦恼和无止无尽的内心斗争让我们变得心如死灰？如何才能恢复理性对情绪的影响？

我们再来描述一下内心麻木的状态。在这种状态下，人其实什么道理都懂，明白什么是能够改变生命状态和情绪结构的正确行为和观念，但仍然不认为这些道理与自己的处境有任何相关性。

以色列·本·以利撒拉比曾讲过一个寓言，有两个朋友，一个处于清醒状态，另一个喝醉了，他们走过一条有很多强盗出没的危险道路，而且很不幸，他们都遭到强盗的攻击，被抢得身无分文。走出危险区后，人们问他们那条路是否危险。醉汉说那条路很安全，根本没有什么强盗。人们又问他，你脸上的伤是哪来的？醉汉说不知道。清醒者则提醒人们，那条路非常危险，如果一定要走，必须要带上武器，快速通过。醉汉无法给出这样的建议，因为他什么也不知道。

当人的理性和情绪之间不再畅通，那么人就无法理解事物与自己的联系，也不知道自己出现了问题。要想解决这种堵塞，人首先要加强观念之脑的力量，在情感维度上拉近自己与外在事物之间的距离。人要问自己，这些见解和观念对自己到底有什么关联？如何将其运用到自己的生活中？

迈蒙尼德解释道，爱的程度取决于熟悉程度，了解得越深，则爱得越深沉。只有通过不断观察、研究和理解，人才能同事物之间产生连接，从而产生爱。缺少这些努力，人与事物会变得疏远，爱终将离我们而去。

阻碍力量之四：无法体现内在力量的"内心外衣"

有的人认为，我们心中自由浮现的思绪有利于我们进行创造性思考，但犹太心灵理论持相反观点，认为这些混乱的思绪缺少理性的引导，往往会带来不良情绪，让人难以进行创造性思考。思绪并不等同于理性，只是内心力量的外在体现方式。除了思绪，内心力量的外现形式还包括言语和行为，犹太人称之为"内心外衣"。我们只能通过思绪、言语和行为这些"外衣"才能发挥自己的力量。当"外衣"无法表达真实的内在自我，比如采用混乱思绪的形式，我们内在力量的表现过程就出现了阻碍，无法体现心智活动中智慧、知性和观念三种力量。这时，情绪会变得难以控制，变化多端，压制我们的理性，使我们丧失选择的能力。《战胜每一刻》从犹太心灵理论角度详细讨论了这个问题，其中提到，思绪是各种内心力量的战场，人只有在这场斗争中获胜，才能超越自己的局限。

"内心外衣"和内心力量相分离的另一种表现是，人的言行举止并非源自真实的内心想法。此时，人的任务就是让内在力量重新控制"内心外衣"，不要让思绪变得混乱而无目的，也不要让自己的言行举止变得随意而荒谬。

本节只是非常简略地介绍了如何清除我们通过"内心外衣"发现自己内心力量的障碍，这是一种非常重要的内心修炼过程，要求我们时刻意识到这一点，坚持不懈地运用各种方法来应对这一问题。这种修炼在教育方面也至关重要，作为老师或父母，我们要让年轻人和孩子认识和理解自己思绪和情感之间的关系，懂得自私的想法为何会带来不良情绪，并学会通过引导和限制自己的思绪来激发积极的情绪，从而更好地通过集中理性力量来实现创造性思考。

打破局限在犹太心灵理论中占据核心地位。卢巴维奇拉比认为救赎本质上就是摆脱局限：

救赎意味着摆脱局限，这其中也包括自身的局限，走出之前设定的边界。或者说，要想摆脱外在的局限，我们首先要打破内在的局限，从之前的地方走出来，前往新的地方或更高的境界。

卢巴维奇拉比告诉我们，打破外在局限始于打破内在局限，取决于我们能否认识内心的各种障碍，并采用正确的方法和技巧来扫清这些障碍，从而充分发现自己的潜力。如果不处理掉这些障碍，那么人就难以真正获得创造力，也不会拥有拥抱世界和改变世界的愿望和能力。

第五节

信 心

把握内心的平静

自信是创造性思考必不可少的一种内心状态。缺少自信，人很难为自己的目标努力，也很难不被世俗观念所影响。由于缺少自信带给人的不安全感，内心力量的运动方向会变得分散，造成不好的结果。一个缺少自信的人内心始终难以保持平静，他会经常进行自我怀疑，不断改变自己的前进方向。

自信在商业领域也很重要，一家没有安全感的公司不会定义"时尚"，而是会选择追随"时尚"，很难吸引客户，于是公司开始自我怀疑，不断改变公司战略，或不愿增加投资，放缓公司发展的速度。一个拥有安全感的商人会更努力地工作，对他内心产生负面影响的因素更少，他将不断朝着自己预想的美好未来前进。

自信同信仰不同，信仰更加宽泛，或者说，自信在某种程度上是高于信仰的。摩西·本·纳贺蒙曾说："一个有信心的人必然有信仰，但一个有信仰的人未必有信心。"信心与希望也不同，一个充满希望的人认为未来会更好，一个有信心的人不仅认为未来会更好，还坚信自己能亲身经历这一美好的未来。信心的根源在于人们从内心深处知道自己正走在正确的道路上，在做正确的事情，没必要改变自己的前进方向。

信心之所以对创造性思考来说至关重要，是因为一个人只有拥有信心才能同内在自我相连，不再取悦他人，根据别人的需求来安排自己的生活，或在从众心理的影响下接受所谓的社会共识。当然，这并不是说他的行为举止可以不得体，或因此变得不合群，而是更遵从于自己的内心。

迈蒙尼德就是一个同时展现出创造力和信心的人。如果对自己所做的事情没有信心，那他就无法排除各种干扰取得如此卓越的学术成就。迈蒙尼德的一生并不顺利，他的家庭原本生活在西班牙的科尔多瓦，但不堪当地部落对犹太人的迫害和强迫改宗，在他10岁时全家开始为期十年的流散生活，到处漂泊，最后定居在摩洛哥的菲斯，但不想这里也爆发针对犹太人的迫害，他们不得不移民以色列。受十字军东征的影响，他们又逃往埃及。他们家主要的经济来源是他弟弟的生意，但在埃及期间，他的弟弟在一起沉船事故中不幸遇难，全家的经济负担都落到他一个人头上，为了解决全家的经济问题，他成为当地著名的医生，白天行医，晚上写作。虽然经历了如此多苦难，但迈蒙尼德却在《迷途指津》中提出，乐观和自信应当成为每个人生命历程中的哲学底色。他还严厉批评了一些学者所持的世界上恶大于善的观点，尽管这些人不择手段让自己和身边的人相信这一点，在他看来这纯属谬论。

　　他认为，人之所以觉得恶大于善，是因为人以自我为中心，没有从他人的角度看待现实，于是这些人大声疾呼，怨声载道，并将之归结于上帝。

　　迈蒙尼德指出，古代犹太贤哲认为世界在本质上是善的，人的目的就是发现世界的美好。人生观取决于人对外在事物的解读，而不是外在事物本身。相比迈蒙尼德，我们生活中不乏表面成功但内心毫无满足感的人。

后天习得的品质

　　信心和安全感是与生俱来还是后天习得的品质？犹太学者认为，人的独特之处在于能够改变自己的先天品质，战胜不良品质，获得新的良好品质。自信心也不例外，也是观察、练习和学习的产物，并非自然的内心状态，甚至与"外在世界"试图让我们接受的观念相反，比如外在世界的特点在于我们永远不知道下一刻会发生什么，这种不确定性让我们没有安全感，充满担忧和焦虑。

　　由于安全感意识并非是一种自然和先天的内心状态，所以人主观上总是试图在这个不确定的世界中获得某种确定性，在未来的个人发展、经济条件、家庭生活等方面追求一种稳定的状态。然而，这种外在的稳定状态与内在的安全感并没有必然联系，内在的安全感和信心不取决于外部现实，也并非源于对上帝的依赖，而是源于一个人内心的修炼，人需要不断超越自己的自然局限，相信自己能够取得成功。

客观地说，这种心态本身就可以增大人获得成功的概率。

犹太公会领袖希勒尔曾用自己的行为诠释了安全感与外部世界基本假设之间的对立。有一次，他走在路上，突然听到城中有人发出一声尖叫，他淡定地说："这肯定不是从我家传来的。"

如果在自己居住的区域发现有车祸现场，我们大多数人都会联想到最糟糕的情景：受害者是不是我们的家人？于是我们的情绪会剧烈波动，感到焦虑，迫不及待去核实伤者身份，身边的人也能清楚地看出我们心态的变化。但希勒尔却没有这样，他充满信心和安全感，并采取积极的思维方式，不去想象最糟糕的场景，而是将美好的事物吸引到自己身边。

我们举希勒尔例子并不是想告诉大家我们没必要为糟糕的情景做准备，而是说，焦虑和不安全感本身并没有建设性，只会影响我们处理困难和危机的能力。许多人认为紧张情绪和恐惧心理能帮助我们更好地应对未知事件，但犹太教在这个问题上持完全相反的立场。

希勒尔提供了另一种看待生命的方式，从根本上认为未来将发生积极的事情。对未来的焦虑无法成就伟大的公司，也无法帮助我们研发出成功的产品，更无法保持孩子和夫妻的心理健康，只会产生负面作用，让我们停止成长，蜷缩在自己的小世界中，不再发挥理性的引领作用，使内心长期被不良情绪笼罩。

炼金师

在《心之责任》一书中，巴厄·伊本·帕奎因拉比解释道，安全感可以给我们带来很多好处，其中最重要的是内心的平静，这也是自信者的显著特征。他写道："安全感的本质就是内心的平静，人的心靠近上帝，做上帝寄希望他做的正确和美好的事情。"也就是说，《心之责任》的作者认为，安全感主要来自上帝，当一个人相信上帝，他不再依赖任何其他人。如果一个人在心中仰仗的是上帝之外的人或事物，上帝就会停止对他的关照。

如果一个人所信仰的是自己的财富或权术，不过财富和权力并不会像上帝那样对他不离不弃，因而无法带来真正的安全感。在这个意义上，一个真正拥有安全感的人，不管处在什么境界和阶段，他所依赖的都不是他所拥有的外在之物。安全感让人不再被日常的琐事所累，不再拥有无穷无尽的烦恼，从而使人能够全身心地进行研究、发展和创造。这也是为什么巴厄·伊本·帕奎因拉比在《心之责任》的《信心之门》一章中将有信心的人比作炼金师，即"能通过自己的智慧和行为将铜和锡变成银子或将银子变成金子的人"。充满信心的人就像一个富有创造力的科学家，不会为日常的琐事而烦恼，全部的注意力都投入到自己的事业当中，比如科研活动。

显然，在巴厄·伊本·帕奎因拉比生活的时代，人们对金属的性质并没有深入的了解，但他想表达的意思是，一个充满信心的人就像炼金师一样，都能深刻地分析和解决问题，从而改变世界。此外，巴厄·伊本·帕奎因拉比认为充满信心的人还具备以下炼金师不具备的优点。

首先，不管面对什么困难，一个充满信心的人都知道能够在自身和周围环境中找到解决的方法，而炼金师则不可能随时随地都拥有自己所需要的金属材料。此外，炼金师需要尽可能保守自己炼金的秘密，害怕自己的成果或技术被别人偷走。充满信心的人则没有这些忧虑，他知道，谁也拿不走属于他的东西。炼金师担心自己的产品没有需求，充满信心的人则确信自己能为世界提供的东西将供不应求。而且，即便一位炼金师成功地将铁炼成金，获得了财富和尊重，但他也无法长期拥有成就感，仍然要面对内心无休止的斗争。而对一个充满信心的人而言，信心就是他最大的财富，不管他走到哪里信心都会如影随形，为他保驾护航。只要他继续努力发现和维持自己的信心，这种信心就会体现在他的一切行为中。最后，信心本身自带吸引力，能够吸引他人，因此，充满信心的人能够得到更多人的喜爱和尊重，人们都希望接近他。炼金师则做不到这点，他的工作会让他疏远甚至伤害他人。

通过上文的比较我们可以看到，信心和安全感并不依赖于外在的成功，不管多么伟大的成就也不能给人带来长久的安全感。当一个人内心充满安全感，那么不管在什么情况下，他都能保持内心的平静。

信心的层级

我们不能简单地把人划分为有信心和没信心这两类，受人的安全感的影响，人的信心层级其实可以划分为很多不同的等级。

第一个层级的信心与爱紧密相连。当他人爱我们，我们就能获得一定的安全感。这在孩子身上表现得尤为明显。当孩子相信大家都很爱他们，就会更有安全感，知道自己哪怕遇到困难，也能得到他人的帮助。爱是亲子关系的基石。

　　要想建立一个给人带来安全感的环境，人与人之间必须充满爱。从信仰的角度看，人既然存在于这个世界上，就说明有某种力量在关照他，这种意识能让人充满安全感，就像孩子知道大人会在关键时刻帮助他一样，人也要相信上帝，既然自己被上帝创造，那么也一定会得到上帝的帮助，自己的需求会得到上帝的满足。

　　但是，单纯源于爱的安全感是不完整的，我们需要爱来建立安全感，从而全然地接受自己，爱的重要性不言而喻，但爱只是内心活动的其中一个维度，人的内心当中还存在威严和收缩的品质，与爱的运动方向相反。在这些品质的作用下，尽管有爱的存在，人仍然不愿意接受他人，就像很多父母，虽然很爱自己的孩子，但无法全然地接受孩子，在现实生活中无法展现出自己慈祥和包容的一面，甚至还经常贬低和打击自己的孩子。

　　更高层级的信心来自这样一种意识，即相信一切事物的运行和发展遵循某种"智慧"，我们也可以将这种智慧理解为一种逻辑或规则，这些逻辑和规则带来的秩序能帮助我们更好地应对不确定性。如果我们认为在自己的工作环境中，人与人相互信任，我们自然能获得更多的安全感，而如果我们认为同事之间存在恶性竞争，领导总是对我们颐指气使，我们的安全感就会大打折扣，我们信心的变化很大程度上受到工作环境"秩序"的影响。

　　这种规则和秩序在教育孩子的问题上也非常重要。规则并不能取代爱，但是，我们必须要让孩子明白，我们不会随意改变家庭的规则和孩子必须遵守的原则。父母心中并不存在一个关于孩子的理想画像，只有孩子符合这一画像才会被父母接受。这种"充满智慧的秩序"能给孩子带来极大的安全感，在他们看来，自己的家庭拥有公正而透明的原则，具有很强的稳定性。

夫妻之间也是如此。爱会给双方带来安全感，但爱是会改变的。只有双方都遵守有利于家庭的秩序和规则，并为此付出努力，双方的关系才具有真正的稳定性。

第二层级的信心取决于人能否意识到这个世界并非一块毫无规则可言的荒芜之地。其实，不管是世界还是人，其本质都是美好的，只是有时人看不到美好的一面。当我们相信这一点，我们会更容易接受和包容他人的错误，这并不是因为我们爱他们，而是我们相信他人在本质上是善的。如果我们对他人的理解是源于爱，这种关系是不稳定的，因为一旦对方做出伤害我们的事情，爱的力量就会迅速减退，内心与他人疏远。相比冷漠的情绪，爱更容易转变为愤怒和仇恨。因此，单纯依赖于爱的安全感是不完整的。除了爱，我们还要通过理性思考来说服自己，相信他人在本质上是善的，不断进行自我反思和换位思考，而不是武断地评判他人。

第二层级的信心也是不完整的。因为，即使我们相信这个世界拥有某种秩序和规则，包含着对人的关爱，我们有时仍然会悲观地认为自己犯下了不可弥补的错误，或认为自己不配拥有这些美好的事物，没有成功的可能。我们担心自己会被这种秩序和规则抛弃，因此感到极度不安全。

第三层级的信心最为完全，这种信心不再依赖于爱和对世界的理性认识，不再关注自我，而是基于对事物本质的发现，超越了理性和观念的范畴。在这种发现的基础上，我们深知自己处于正确的位置，行走在正确的道路上。我们相信，这个世界并没有与我们作对，而是希望通过我们发现更多的力量而变得越来越好，于是，我们不再会害怕他人的嘲笑，也不在意他人与我们在意见上存在冲突，所有阻力都成为我们前进的动力，帮助我们完成自己的使命，改变这个世界。

我们也可以通过夫妻关系的例子来更好地理解这一层次的信心。爱固然很重要，对生命结构和夫妻关系本质的认识也不可或缺，但更高层级的安全感和信心来自对彼此的忠贞和不顾一切的付出，既然成为夫妻，那就要守护彼此的约定，克服生活中的一切困难，哪怕爱已不复存在。

有意思的是，用卢巴维奇拉比的话说，这种"永恒存在"的安全感并不会减弱爱的强度。在这一层级，为了这份感情，人会放低自己的位置，这一点我们在讨论四个心智层级的章节中已经讨论过。

前文所讨论的内心活动，不管是内在崇高性、从高处着手，还是打破局限、建立信心和安全感，都不是自然状态下的内心活动，需要人不断有意识地塑造自己的观念和思维方式，学习和反思如何将其融入生活中的方方面面。

第六节

三种创造性思考的类型

通过将之前讨论过的内心活动与抽象化和具体化思考对事物本质的追求相结合，我们能得到三种不同的创造性思考类型，犹太心灵理论术语分别称为"引入光""引入本质"和"引入丰富性"。

光的引入

第一种创造性思考表现为人看到之前没有看到的事物。在这个过程中，人通过进行理性思考，接受和采纳创造性思考不可或缺的原则和内心运动，可以成功清除观察的障碍。这些障碍让人无法看到某种现象或事物的某个方面，当障碍得以清除，人能成功地发现之前未曾看到的光。

在这种创造性思考方式中，人并没有以任何形式改变现实，也没有产生新的思想，而是意识到之前未能意识到的某一事物的存在。在清除了认知障碍后，他真正意义上睁开双眼，用新的方式观察现实，改变自己之前对现实的反应模式。

在"引入光"的过程中，人所看到的只是事物发出的光，而非事物本身或现象的本质，但这已足以让人感到激动不已。这就像乌云虽会遮住太阳，但随着乌云的移动会突然云开见日，整个世界一片光明。我们知道，太阳一直就在那里，只不过被乌云挡住了。对人而言，焦虑、压力、悲伤、错误的认知或压抑创新的环境都属于"乌云"。

值得注意的是，在大多数情况下，我们必须通过某种行为才能扫清这些障碍，让我们的创造力能够自然展现出来，但这些行为不一定要与我们的目标具有强相关性。在日常生活中，我们经常在休息时或做一切毫不相关的事情时突然想到如何解决自己百思不得其解的问题，得到了新的想法，这背后的原因在于，人通过休息和从事其他活动清空了自己用于接受新思想的容器。

要进行这种形式的创造性思考，人就必须"纯净"自己的接收容器，这也是接受新思想必不可少的准备过程。人脑就是接受新思想的容器，人的头脑越"纯净"，不去关注那些不利于人发现光的阻碍性因素，那么人看到事物本质的概率就越高。犹太心灵理论经常使用的例子是，人在暴饮暴食后进行深入思考的能力会下降，等人脑进行"自我纯净"后，才能重新对事物进行深入思考。"纯净大脑"最常用的方式是减少对物质的依赖和应对不良情绪，这一点我在下文还会进行详细讨论。当一个人一心追求自己欲望和需求的满足，他的接收容器就被这些东西填满，无法进行抽象思考。就像一个顾问，要想提供高质量的咨询服务，首先必须"纯净"自己的大脑，将自己置身事外，从而相对客观地观察事物。

森林的生命

对于"光的引入"有一个很好的例子：德国作家彼得·沃雷本是一名森林学家，在《树的秘密生活》一书中，他通过对树木生命形式的长期观察，从而为读者呈现了一幅全新的森林生命图景，从心理学、社会学和人类学角度分析了发生在森林中的各种生物和化学变化。

他指出，我们往往习惯于接受现代森林学的观念，比如人们普遍认为，为了让树木在短时间内实现快速生长，必须保证植物接受充足的光照，在种植时要保证树木之间保持一定的距离。沃雷本认为这些行为其实破坏了树木的社交生活和相互依存关系，在他看来，植物可以通过树根来相互传递养料，相互提醒来自植食动物和害虫的威胁，并向自己的后代传递爱的信息。

沃雷本打破了动物和植物的传统边界，让人们关注植物的情感世界。植物的确没有大脑，其社会发展速度极慢，但这并不代表它们没有自己的社交生活。他认为，人作为自然界的一部分，只需考虑自己的事情，而不是采用上帝视角看待自然界的一切。面对树木，人类最好的方式就是享用它们带来的果实，然后让它们以自然而有尊严的方式老去。这对人类而言也是最优选择，因为一个充满喜悦、情绪健康的森林能产出更多的水果。

《树的秘密生命》在德国出版后立马成为畅销书，但也招来很多批判的声音。比如，他将砍伐树木等同于对动物的虐待和屠杀，认为既然动物保护组织认为"动物同人一样拥有情感"，植物也应当享有同样的待遇，因此有人认为他的观点具有反人类主义的倾向，毕竟，对人的价值的肯定是人本主义和民主精神的根基。将人与其他物种等同起来的思想会演变为非常危险的观念。在历史上，纳粹政权就特别关注动物的福利[①]，最终，部分人类为此付出了极为惨痛的代价。

抛开这些历史背景以及科学和道德上的争议，《树的秘密生命》是一本充满创造力的书，这大概也是其如此成功的原因。沃雷本改变了人们观察和思考森林的角度，鼓励人们倾听来自森林的声音，从中学习到在城市里学不到的东西。

哈西德运动创始人以色列·本·以利撒拉比教导人们，我们遇见的一切都蕴含着世界试图传递给我们的信息。《树的秘密生命》中每一行文字似乎都在传递这种特殊的信息。倾听来自树木的声音，观察植物的变化，解读大自然的秘密，能给我们单调且压抑的城市生活带来一些改变。这本书的目的并不是想让人们像作者一样生活在森林里，而是促使人将森林的生命力和自由感带到城市生活中。

事实上，我们每天都在忙碌地生活和奋斗，且不说树的秘密生命，我们甚至无法留意到身边最亲近人的真实生活状态，并通过这种观察来给自己的生命注入更多的活力。然而，我们忽视这一切，并不代表这一切不存在，只不过我们实在是太忙了，在做那些看似更重要的事情。沃雷本则打破了这种障碍，他用极富创造力的形式展现自己

---

① 世界上第一部动物保护法就由希特勒制定和颁布。——译者注

的专业知识，呼吁人们用另一种角度看待森林和整个世界。

本质的引入

第二种创造性思考类型不仅关乎光的引入，还包括我们赋予这一发光事物以意义。在某种意义上，这意味着我们成为这一事物或现象的一部分。比如，我们研究某一现象，分析其态势、速度和原因，从而掌握其规律，但是我们并没有参与其中，只有当我们行动起来，成为该现象的一部分，才能了解其本质。在引入本质的过程中，我们自身也在发生变化，其中的关键不是理解其形式，而是将其内化为自己生命的一部分。

具体而言，一个人可能深入理解了体育对身体、社交生活甚至心理健康的积极影响，但仍然不进行任何锻炼；一个人可能对游泳运动员入水的动作非常熟悉，自己却做不到，没有通过实践真正掌握这一技能。

我们也可以通过绘画的例子来区分"光的引入"与"本质的引入"这两种创造性思考方式之间区别。"光的引入"也有不同的表现形式，可依此将人分为两类。第一类人，当看到一幅美丽的画，他只会随意地看上一眼，称赞一句，并不能真正看到这幅画的独特之处；第二类人能够进入到这幅画内部，深深被画家的创造性、才华和技巧所打动，或者说，在欣赏的过程中，他找到进入绘画的方式，清除了内在的障碍，通过欣赏绘画对自己有更深刻的认识，当然，这并不能改变绘画本身。

当创造性思考进入"本质的引入"层次，那么他便会拿起画笔坐在画板前亲手作画，拥有强大的创作欲。迈蒙尼德在《迷途指津》中说，要想调动他人的积极性，首先要调动自己的积极性。"本质的引入"不是对现象外在特征的研究，而是对其根源和形成过程的深刻理解。引入本质的起点不是世界的统一性，人不是试图理解现实的统一性，因为统一性本来就存在，而是通过行动让自己与现实世界合一。

在"引入光"的过程中，我们可能通过自己理性的力量理解自然和社会中的现象，而在"引入本质"的过程中，我们可以尝试发现这些现象形成的内在原因，明白自己也属于这些现象的一部分。

引入丰富性

最后一种创造性思考类型表现为人不满足于看见自己之前没注意到的东西，也不满足于行动，而是尝试通过创新来改变现实。这时，人不仅会清除障碍，还会主动调动自身的力量，因为改变现实需要巨大的力量和非常强的积极性，并根据人对事物的理解来发挥自己的力量。

当人将自己的力量与事物相结合，使自己的力量成为事物的"外衣"，那么创新和变化便应运而生。就像人向空中扔出石头，人本身就拥有扔石头的力量，但只有这一力量与石头的运行轨迹相结合，石头才能被掷出，于是世界在一定程度上发生了改变，这一改变的持续性取决于力量与石头相结合的时间长短。

另一个例子是互联网上大量存在的包括搜索引擎在内的网站，这些网站的内容看似没什么明显的区别，但用户知道这些网站的存在，随时会使用到网站，这些网站其实一直在发生变化，正是用户与网站的结合使得网站能够存在下去，并使其不断发生变化。

当然，除了上文提到的例子，人通过创造力与具体事物的结合并不一定意味着其必须参与其中，我们回到研究树木的例子，人不管如何观察和研究树木，都无法成为树木，但是，人可以通过对树木的观察和研究给树木带来实质性的改变，比如加速其生长速度，或理解肥料和浇水量对树木的影响，从而推动森林学研究领域的发展。对于一名画家来说，他的作品就是他给世界带来的"丰富性"，他的教学工作也属于"丰富性的引入"，因为正是他的创造性让这个世界变得更为丰富多彩。

总之，在"引入丰富性"的过程中，人的努力增添了世界的活力，相比通过"引入光"来发现之前已经存在但未被看见的事物，"引入丰富性"带来的影响更为深远。

上文介绍的三种"引入"方式可以体现在日常生活的各个方面，包括学习、家庭、商业、科学、体育和身心健康等。这些创造性思考的方式也表现为本章所介绍的各种内心运动。只有通过不断学习和观察，清除各种障碍，才能让这些正确的内心活动成为我们充满创造力的生活的有机组成部分。

第四章

发现自己的潜能

不要让当下的自己影响到本可成为的自己。

——肖洛姆·多夫伯尔·施内尔松拉比

　　为了将创造性思考更好地融入日常生活，这种思考就必须穿上个人化的"外衣"。为了连接内在自我和外在变化，充分发掘自己的潜能，我们必须将这些内容内化为自身一部分，不断激发创造性思考。此外，我们还要解答自己心中的一些疑问和困惑，这有助于增强我们的安全感和富足感，相信自己走在正确的道路上。只有这样，我们才能义无反顾地不断提升自我。需要问自己的问题包括：我们有什么特殊的才能？如何确定我们走在属于自己的正确道路上？困难和挑战在暗示我们应该迎难而上还是应该调整自己前进的方向？

　　一方面，我们在生活的各个方面都要进行创造性思考，但另一方面，我们每个人都拥有属于自己的道路，只有找到正确的方向，我们才能真正发现自己的力量。

　　我们既要做好准备去在生活中练习创造性思考，又要努力发现属于自己的道路并发掘自己的潜力，这并非两个相互独立的挑战，而是有着深刻的内在关系。因为，只有发现了适合自己才能和潜力的道路，我们才更愿意进行创造性思考。另一方面，我们进行创造性思考也反映了我们对这个领域的热爱，说明我们对其拥有强烈的使命感。

本章的主要目的是提出一些帮助大家为自己的创造性思考"穿上外衣"的建议，并通过自身力量与外在目标的结合来实现自己的潜力。需要指出的是，这些建议并不能取代前文中提到的内容，而是之前内容的延伸和扩展。

获得实践意义

犹太心灵理论中经常使用的一个术语是"贝赫恩"，意为"实际结果"，多指人的学习、阅读和谈话给日常生活带来的积极结果。如果我们阅读一本书或参加一次研讨会后，没有得到任何能够运用到自己生活中的内容，那么我们就没有受到影响，也没有发生改变，哪怕我们非常享受阅读或开会的过程。正确的方式是在这一过程中得到"贝赫恩"，我们也可以将其理解为通过总结得出的具有实践性的结论。

"贝赫恩"可细分为两个方面。一是阅读、学习和观察对人造成的直接影响；二是人基于这种影响有意识采取的主动行为，后者更强调实践性。

正如前言中提到的，本书的写作目的并不是回顾犹太创造性思考的历史，而是考察和界定犹太心灵理论中创造性思考的概念，以及如何将其运用到现代生活中。既然您已经阅读到第四章，现在有必要停下来问一下自己，到目前为止，什么是您从阅读过程中得到的能够运用到自己生活中的"贝赫恩"。

本书希望读者得到的最基本的"贝赫恩"是让读者下定决心为自己的生命引入更多的活力，充分地体验和享受生命。要想做到这一点，人就必须充分发现自己的心智潜能，走出自己的舒适区，改变和增加自己看待事物的方式，摆脱肤浅和具有外部性的世界观。做到这一点并非易事，因为将无数细节联系在一起的内在线索往往是人无法直接看到的，且处在不断的运动变化之中。

本书无法为读者提供个人层面的"贝赫恩"，这需要读者根据自己的生活情况作出具体的选择。我们必须问自己，应当在自己生命的哪个层面付出更大的努力以清除各种障碍，打破局限性；我们生活中哪些具体方面需要得到改变，以及为此我们到底愿意做些什么。回答这些问题能帮助我们明确自己的发展方向。

对个人而言，在阅读本书后首先要意识到作者的主要思想，提高自己的生命活力，增强自己行动的积极性。此外，读者还应该有意识地决定自己接下来应当怎么做，确定自己需要改变和提高的具体领域，这一决定还理应包含以下内容：拥有实现内在力量和追求更大成就的决心；深入进行抽象化和具体化心智活动；打破内在局限，清除内心障碍。与此同时，人还要有安全感，相信自己有能力影响并改变这个世界。以信心为主的内心运动无法凭空获得，前提是加强对犹太心灵理论的学习，善于观察，不断练习和内化，创造有利于这种运动的环境。哪怕我们只决定在生活中某一个非常小的领域做出改变，为之努力的过程也会影响到生活中其他层面，进而帮助我们更好地运用创造性思考的原则。

每个人都要寻找亟待解决的难题

为了能够做出决定并付诸实践，犹太经典文献提出的一条重要的建议是不要以逸待劳，而是要主动寻找亟待解决的难题，创造性思考只有通过在日常生活中不断实践才能内化为我们的一部分，最终要达到的理想状态是，我们难以区分自己到底在练习创造性思考还是在实际解决一个必须解决的难题或来自外部的挑战。

人永远不要被动地等待问题的到来，因为如果缺少发掘自己潜能的积极性，即使问题出现，也很难妥善处理。人的情绪会受到这些问题的影响，只狭隘地关注自己的利益，无法将看似矛盾的事情联系在一起，也无法识别事物的本质。创造性思考的练习需要一个具体的环境，比如我们可以选择在夫妻关系或亲子关系中通过创造性思考解决一些亟待解决的难题，并将该方法分享给其他人。不管在从事什么具体活动，这些由我们自己设定的难题会一直萦绕在我们心头，将我们从日常的烦恼中解脱出来，更好地超越现实，通过抽象化和具体化思维不断发现事物的本质，并进一步让这种对本质的认识反作用于现实。

我们经常会计划在固定的时间做运动、弹奏乐器、同家人聚餐，同样，我们也应该分配一些时间用于心智活动和精神活动，用于解决我们发现的这些难题。

哪怕每周只安排几分钟时间来思考这些问题，那最终一个人的生活也会变得更加丰富，对高于现实生活的精神生活拥有更强的归属感，不被现实生活所禁锢。我们也可以从反面来理解这种精神生活的重要性。假设我们只处理现实生活中的事务，完全放弃精神生活，那么我们必然会受到日常各种烦恼的影响，这种烦恼如影随形，挥之不去，在更严重的情况下，人就如同行尸走肉，仿佛全世界的重量都压在自己的肩上，思维也会因此变得混乱，无法专注于烦恼之外的事情，这对个人和家庭都会带来巨大的伤害。犹太教心灵理论认为，就像挥之不去的烦恼一样，如果我们在精神层面有一个具有挑战性且对自己而言很重要的难题，那我们就会不断地思考它，受到其积极的影响，为我们做其他事情提供更多的动力，避免我们被日常生活中的琐事所累，使我们通过创造性思考拓展自己思考问题的角度，从而更好地应对生活中其他问题。

这里所说的难题可能涉及随时可能出现的小问题，也可能是持续较长时间的更宽泛的问题，一个人也可以同时处理多个难题。此外，问题的深度也存在区别，有的可能是比较容易解决的浅层问题，还有的可能是难的深层问题。这个问题可能包含比较具体的方面，但一般来说，一个问题越抽象，就越能够调动我们更高层级的心智活动，更能让人拥有超越现实的动力。

这些难题可能涉及我们参与的具体项目，但原则上应当使其尽可能高于个体的生活，牵涉更为宽广的现实和更多的人，从而使人得到提升，而不是局限于自己狭隘和短期的利益。

由于这些难题不涉及生活中的具体烦恼，因此不会把我们卷入不良情绪的漩涡，比如让我们感到愤怒或受到威胁。此外，在理性对情感的引导下，当我们尝试解决高于现实的问题，我们的情绪也会变得更为积极，否则人的情绪只能停留在原始状态，波动幅度非常大。

　　如果没有一个需要解决的难题，那么人很容易就会随波逐流，停留于生命的表层，过着低层次的生活。只有发现需要解决的问题，人才能从沉睡中醒来，通过阅读、研究和思考试图找到问题的答案，这是，人的生命具有强大的内在驱动力，这种力量不依赖于任何利益和感官享受。

选择的重要性

　　当找到自己需要解决的问题，那么无论现实朝哪个方向发展，人都能发现其中的意义。对这样的人而言，如果工作很忙，会认为很好，如果工作不多，那么也很好，这样他正好可以专心思考这些难题。另外，当我们解决了一个难题，必须寻找另一个难题，时刻保持自己在精神和智力层面上存在某种挑战。人都有惰性，大多不愿意学习新的知识，习惯拖延手头需要处理的问题，满足于完成简单的例行事务。但这种惰性妥协的代价很大，主要体现为我们向自己生命注入的活力将变得更少。

　　智者道明了世间的一个规律："人都不满足于自己所拥有的东西，当他有一百份，还想要两百份，当他拥有了两百份，还想要四百份。"不管我们获得了多少东西，取得了多大的成就，我们都会产生更大的野心，欲望往往会成倍增长。这一规律在生命的不同层面会带来不同的结果。在物质世界，这一规律对我们构成极大的威胁，那些敢于反抗和打破这一游戏规则的人才会过得更幸福，因为他们更容易满足于自己当下所拥有的东西。但是，在精神和灵魂层面，这一规律能为我们的成长提供不竭的动力，如果一个人满足于自己当下的精神和灵魂境界，把自己的精力用于物质的积累而不是精神上的探索，那么他的精神和灵魂境界必然会倒退，因为在精神世界，人所处的位置在不断变化，无法维持原状，或者说，在精神层面，人不进则退。

选择自己需要思考和解决的难题本身就能带来创造力和活力，使人从"学习"迈向"内化"。"学习"是获取新的知识，了解和理解某一事物。"内化"则是进一步让这一事物与我们自身产生关联。很多人都有过在毕业考试前强化复习的经历，就算取得了高分，几天后所学的东西也忘得差不多一干二净。因为我们虽然短时间记住了那些材料，但并没有内化为自己的一部分，因此无法长久。

当人将某一事物内化，这意味着他不仅接受理解了某一事物，受到其影响，还能深刻感受这一事物。仅通过学习获得的知识是空洞的，这样并没有真正理解这些知识，哪怕他经历过高等教育，在思想上仍然是贫瘠的，缺少自己的观点。最终让人在思想上变得富足的是观念之脑的内化和连接作用，使人不再停留在记忆和理解的层面。

对难题的选择还能让这一问题变得更具有被内化的可能，因为做出选择就意味着人通过发挥自己的观念力量主动同这些内容建立了连接，在这一过程中，人的灵魂变得更为丰富。

在犹太心灵理论中，智慧力量有时也被称为"智慧光点"，因为在智慧力量发挥作用时，人需要进行自我否定，承认自己"一无所知"，从而吸收新的思想。另一个称其为"智慧光点"的原因在于，每一个思想都有自己的可以用于连接的"点"，当人们看到一本书，哪怕还没有翻开第一页，他就可以通过这本书来认识自己，将自己置身于这本书的内容体系和"主要的点"之中。

选择什么难题？

犹太学者最提倡的当然是让人研究《希伯来圣经》中的内容，尤其是具有神秘性质的内容。在犹太心灵理论中许多内容都能提高学习者对心灵机制的理解，帮助他们更好地战胜内心斗争，应对精神上的各种危机。在犹太观点看来，研究这些问题能够将人从日常烦恼中解脱出来，甚至还能解决人在经济上的困难。这些问题能帮助人在"王国和大地责任"和"圣经责任"之间作出选择。只有接受"圣经责任"，不断学习和研究，人才能进入更高的境界。

客观来说，每一个难题，只要人对其感兴趣，并愿意深入研究，哪怕其非常浅层和具体，也会对人产生积极的影响。能让人产生好奇心的问题能给人带来单纯的快乐，正如贤哲所言："只有在心之向往之处人才有学习的欲望。"当人产生兴趣之光，他的心智力量也能得到更好的发挥，因为意愿力让他的内在力量变得更为集中和强大。

难题的选择还涉及我们希望调动哪一个层面上的创造力。当然，这些层面会不断变化和发展，让我们在之前计划的基础上扩大或缩小我们的活动。

阿巴伯内尔

在寻找难题和挑战方面，多恩·伊扎克·阿巴伯内尔能为我们提供一些启发。他曾是一位极具社会影响力的商人，但也饱受迫害，有过穷困潦倒的经历。尽管他一生的经历非常坎坷，但心中始终保持试图解决的各种问题，这让他的生命变得深刻且富有创造力。

阿巴伯内尔所生活的年代是欧洲非常为混乱的时期之一，也是犹太人非常艰难的时期。就在这一背景下，他成为犹太民族最具传奇色彩的人物之一。他出生于里斯本一个富有的犹太家庭，父亲是葡萄牙君主的财政主管。他在书中写道，自己从小就享受荣华富贵，习惯了受人尊重的生活，甚至经常出入王宫。在他父亲去世后，他继承家中的产业，包括税收业、银行业和进口行业的生意。在政治上，他很快接替父亲成为葡萄牙国王阿方索五世的财政部长，当时葡萄牙的贵族、公爵和政治家都很尊重他，他也经常往来于这些人家中，给他们建言献策。可以说，他的影响力已经从经济方面扩大到了政治方面。

1481年，阿方索国王突然去世，这标志着犹太人黄金时期的结束，阿巴伯内尔也因此失去了之前的地位。两年后，有人诽谤他准备谋反推翻新的葡萄牙国王，他不得不逃亡到西班牙的托莱多。他尝试向新的葡萄牙国王解释自己是无辜的，但仍然被国王通缉，所有财产被没收一空。

但没想到，在西班牙他的社会地位也不断上升，最后阿拉贡的费尔南多二世和卡斯提尔女王伊莎贝拉一世请他担任财政部长，使他重新拥有了很高的经济和社会地位，在这一职位上一工作就是八年。在此期间他曾尝试阻止西班牙政府驱逐犹太人，但最后没有成功。

1492年西班牙驱逐犹太人的事件对犹太民族而言是一个极为悲惨的历史事件，阿巴伯内尔也未能幸免于难。国王和女王劝他通过改宗留下来，但被他拒绝，于是，他再次失去所有财产，和其他西班牙犹太人一起离开了西班牙。他来到意大利的那不勒斯避难，有意思的是，在这里，他再次凭借自己的才能成为国王的财政顾问，他在回忆这段时期时写道，自己在短时间内就"积累了大量财富"，成为意大利国内"呼风唤雨"的人物，被公认为那不勒斯国王身边最有能力的大臣。但好景不长，几年后，他不得不继续漂泊，先后来到西西里岛和科孚岛，再次失去了之前获得的经济和社会地位。在晚年，他又来到威尼斯，成为当地的高级经济和政治顾问。

经济和政治上的奋斗占据了阿巴伯内尔人生的大部分时间和精力，他的工作非常繁忙，大多数文章都写于晚年，但即使在繁忙的工作阶段，甚至身居高位时，他也没有放松学习，随时有需要研究的难题。他在20多岁就通过《基本要素的形式》一文证明了自己的写作天赋。此后他发表了很多作品，包括对迈蒙尼德的《迷途指津》的注解。从他的文章中，我们可以发现他拥有许多独特的见解（比如，他非常明确地反对君主制），是一位才华横溢的作家和天赋异禀的研究者，对犹太思想和《圣经》也有非常深的理解。

阿巴伯内尔关注的难题有很多，其中大多数与《圣经》相关，此外还有律法问题，这些问题既包括抽象的学术问题，也包括具体的现实问题，既有对当下民族境遇的思考，也有对未来的设想。从这些文章中我们得知，正是对这些难题的思考塑造了他的世界观和行为，取得了卓越的成就。这些难题让他能够在某种程度上超越现实中个人和民族所经历的动荡和挫折，使他的内心不受外界影响，保持不断成长的状态。或者说，每当他的经济和社会地位下降，他都视之为研究这些自己感兴趣的问题和专心写作的契机，从来就没有把这些需要思考的问题抛到脑后。阿巴伯内尔拉比能够通过在世俗工作和精神工作间的不断转换来实现精神和思想的超越，是我们每个人学习的榜样。

如何在屏幕时代保持我们的专注力

无论是解决我们主动选择的难题，还是处理工作和家庭中的各种事务，为了找到富有创造性的解决方案，我们都要提高自己的专注力。

在当下的屏幕时代，我们每天都会接收大量的信息，也随时可以主动获取各种知识，但与此同时，越来越多的人出现注意力缺陷障碍，专注力受到严重影响。有时，由于对屏幕过度依赖，我们处理问题和迎接挑战的欲望会下降，对电子设备的使用变得毫无节制。我们经常抱怨时间不够用，但同时又将大量宝贵的时间浪费在电脑前，不停地刷社交网络上的内容。

仔细分析不难发现，屏幕和科技本身并没有错，因为屏幕中的内容几乎无所不包，既有充满正能量的积极内容，也有让人上瘾的低俗内容。电子屏幕既能帮助我们发现世界的变化，应对各种挑战，也能让我们虚度光阴，让灵魂的力量被无谓消耗。事实上，这一切的选择权就在我们手中。在这，我想分享一些有助于我们做出正确选择的技巧，帮助我们抵抗住屏幕的诱惑，在屏幕时代提高我们的专注力。

第一，不要等待一个所谓最合适的时间才开始学习、成长、练习和处理我们选择思考的难题。如果我们总希望等待一段专门用于静下心来思考问题的时间，比如节假日、工作不繁重的时候或家里一切都很顺利的时候，我们注定会失望：首先，等我们真的有了时间，我们很快会发现有其他事情要做，这些事情会吸引我们的注意力，而且这些事情往往具有较强的物质属性，比如查看某件商品的价格，或思考自己是否有空参加某一活动；其次，即便有时间，人也很难长时间做某一件事情。既然如此，我们不如利用更为零碎的时间来进行理论问题的思考，哪怕短短5分钟时间也能让我们的生命变得焕然一新，充满活力。

第二，很重要的一点在于，我们大多数人的问题并不是真的没有时间，而是很多时候我们都心力交瘁，缺少灵魂空间。创造性思考要求我们在内心摆脱日常琐事的干扰，鼓励我们打破自己的局限，发现世界不同的面貌。要做到这一点，我们必须运用和集中全部内心力量，而不仅仅是依靠理性思考能力。短时间高频的学习有助于我们提高驾驭自己内心力量的能力，最终聚沙成塔。

第三，为了拥有更多阅读和学习的时间，我们要善于发现和利用那些"无聊的时间"，学会果断地见缝插针，将其转化为阅读和学习的机会。比如，在排队、堵车、等待就诊或坐火车时，我们都可以学习，单纯地观察或思考某一有价值的事物，或听一门能够拓展自己视野的课程。在这些时候，强迫自己短时间集中做某事能够逐渐提高我们的专注力，决不能让自己的思绪毫无方向地发散。随着时间的推移，我们在零散时间中学到的东西会越来越多，个人能力也会变得越来越强，也许有一天我们会惊讶地发现，自己的学识已经如此渊博，看待问题能如此入木三分，已然成为某个领域的专家，创造出本来需要投入大量时间的新事物。换句话说，我们每个人都有权利向命运不断地"偷时间"，而不是一天到晚研究所谓的时间管理原则，这些原则大多难以坚持，只会增加我们的自责和悔恨。

第四，保持时刻记录的习惯。每当进行难题的思考，我们都应该把自己的心得和灵感记录下来，这实际上就是一个将知性力量带来的抽象的智慧光点"具体化"和"丰富化"的过程。

写作其实还有另一种价值。与缺乏创造性思考相反的状态是智慧过于激烈地泉涌，这也不是一种理想的状态。有时，我们需要让智慧之泉平静下来，因为只有在相对平静的流淌状态下，我们才能将这些思想具象化，落实到现实生活中。据说，为了让自己的智慧之泉回归平静，哈巴德教派第二代领袖多夫伯尔拉比经常会在讲解非常深刻的文章前默念："嘘，安静下来。"

犹太历史上著名的加昂，约瑟夫·罗森拉比，曾是平斯克的拉比。他写了许多极富创造力的作品，其中最有代表性的是《查夫纳特·帕纳赫》，其语言极为简短和深奥。他有一次表示，安息日对他来说是最难的一天，因为在平时，每当他有新的想法都会写下来，并在写作过程中思考最优的解释和表达方式。文字能够避免他的思想变得过于活跃，帮助他更好地进行判断。但犹太教规定，安息日不能用笔，所以在这一天他需要付出更多心智上的努力才能控制自己的智慧之泉。

第五，混沌和模板。文字记录的重要性还体现在帮助我们将抽象的思想转化为具体的行动。每一个难题的解决都会经历混沌阶段。在这一阶段，我们对下一步的目标缺少清晰画面。混沌阶段具有积极意义，无须为之担心或感到害怕，这是我们获得真知灼见的必经之路。只有在混沌阶段之后，思想才会逐渐变得清晰，但这些清晰的思想有必要记录下来。这些清晰的思想来自我们对尝试理解的事物的整体图画，类似于一个能够引导进行思考和产生灵感的模板。缺少这种模板，我们的思维会缺少条理和方向，无法将抽象的思想与现实世界及个人所面临的具体难题联系起来。当我们得到事物的整体图画和思维模板后，我们可以在模板中不断加入更多的细节，并使之与现实相适应。整体图画非常重要，因为它位于理性和超理性的边界处。

第六，诉说和讨论。用语言表达我们思考的难题，讨论我们已经获得的见解，有助于丰富我们的思想，增强我们的专注力。语言的力量来自崇高的智慧，所以语言能激发人产生新的思想。此外，不管是在家庭聚餐、朋友聚会还是在公园散步时，有内容的聊天能让人与人之间的交流变得更加顺畅和深入，避免空虚感和其他不良情绪的产生，让人觉得自己从属于某种崇高的力量。

第七，尽管拥有宏观的战略眼光至关重要，但如果面对源源不断的具体任务，我们很难拥有这种眼光。所以，当任务多且压力大时，提高专注力的最好办法是处理手头一件件的事情，而且一定做到每次只关注和完成一件事情，从而避免陷入过多任务带来的绝望感或挫败感，才能大幅提高我们的效率。

第八，一定要记住，只有在放松和休息的状态下，或从事和手头任务不相关的事情时，我们的思想才会变得非常活跃，我们的灵感才会不断迸发。因为这时，我们的思绪不再为任务所累，从而拥有产生新见解、新思想和新发明的空间。但是，即使是处在放松和休息状态，我们也不能完全忘记自己的任务和需要思考的问题，而是与之保持若即若离的距离。也就是说，我们需要有意识地把这种放松定义为思考难题的准备阶段，让这些问题仍然驻留在我们的潜意识中。

第九，有时我们需要打破常规，从外部开始改变生活。这种形式上的改变能让我们之前固化的生命节奏得到调整，进而影响到我们的内心。哪怕提前一小时起床这种很小的改变，也能对我们产生很大的影响，帮助我们更好地发现内在自我。

下文的两条建议能够帮助我们更好地进行创造性思考，同时也能增强我们的专注力。

设置内在边界

为了全身心投入一个项目或思考自己的难题，提高自己的专注程度，一种很好的方式是设置内在边界。面对电脑使用等诸多问题，我们都要设置内在边界，内在边界的缺失会影响我们进行创造性思考的能力。

我们大体上可以区分两类边界。第一类是现实世界、各种组织机构和他人强加于我们的外在边界。外在边界规定一个人是否可以做某件事。在教育方面，父母会为孩子设置各种外在边界，比如，每天能玩多少个小时的电脑。如果我们被诊断为高血脂，医生会要求我们改变饮食习惯，对我们而言这也属于外在边界。

外在边界是必不可少的。仍然以教育问题为例，如果孩子相信这些规则有利于自己，那么外在边界的设置能够让孩子的生活变得有章可循，为孩子指明了一条理想的成长路径。需强调的是，设置外在边界决不能成为父母对孩子的一种惩罚，或是以愤怒、批评或独断专行的形式表现出来。而且，正确的边界不应该强调孩子不能做什么，而应当更强调他们可以做什么。如果我们不加解释地限制孩子使用电子设备，只是笼统地说这些不利于他们的成长，那他们根本无法理解这一规定的合理性。如果父母对边界的定义不明晰，或孩子发现父母经常利用这些规则来满足自己的需求，比如，当父母需要专心工作时就允许孩子使用电脑玩游戏，那么边界就失去了价值，不但无法帮助孩子成长，提高他们的专注力，还会引发没有必要的误会和争吵。

除了外在边界，还存在内在边界。通过教育领域的案例，我们也许能更好地理解实现潜能和设置边界之间的联系。仔细想一想，我们什么时候觉得孩子在发挥自己的潜能？显然，只有在孩子设置了内在边界时，这一切才会发生。在这种状态下，孩子主动选择不坐在电脑前，去做更有利于自我提升的事情。即使是用电脑，他们也会做一些更有意义的事情；为了保证第二天精力充沛，孩子会主动选择早早地上床睡觉；为了保持身体健康，他们会拒绝吃甜食；为了拥有更好的生活环境，他们还会主动地做家务，打扫自己的房间。

为了打破自身的局限性，我们必须学会设置边界。这一观点看似矛盾，但的确如此，只有当我们为自己设置内在边界时，我们才能打破灵魂的局限，实现自己的潜能。内在边界能够帮助我们保持专注，从而为产生富有创造力的思想做准备。犹太教认为，专注是一种自我收缩的过程，为了让内心力量得以体现，这一过程必不可少，否则力量就无法得到释放。

我们可以通过两名战士的例子来发现这两种边界的区别。第一名战士在精锐作战部队服役，他所在的军事单位训练量极大，他深知，为了能够在下一场战斗中获胜，自己必须保持最佳的身体状态，所以他给自己提出更高的要求，根本不需要指挥官强迫他进行体能训练。另一名战士在非作战部队做后勤工作，他只有在指挥官的逼迫下才会进行锻炼，从来不认为体能训练有什么意义，也没有在个人身体方面设置任何内在边界。

从上文我们可以看到，内在边界比外在边界更重要。设置内在边界说明一个人知道如何激发和运用自己的内在力量，让不同的内在力量相互融合，最终以正确的方式体现出来。

在外在边界和内在边界的关系上，大概可以这样理解，我们对外在边界的依赖性越强，就越难以为自己设置内在边界。在教育上，如果我们总是通过各种手段限制孩子，他们就很难理解主动设置内在边界的重要性，从而无法抵抗电子产品、糖果和不良活动的诱惑。当孩子成功设置了内在边界，我们就没必要再为他们设置外在边界，因为他们能够很好地应对一切。我们的责任是鼓励和引导他们设置内在边界，并意识到其价值所在。

内在边界的价值并不局限于教育方面。当我们为自己设置内在边界，这说明我们从内心深处希望自己能够做好一件事，而不是受外界强迫。设置内在边界是内心力量较高的表现形式，这种边界的存在证明我们在人生各个领域都走在正确的道路上。内在边界不属于阻碍性力量，而是内在力量得以体现的一种方式。

当我们能够设置内在目标，不认为自己为此付出了巨大代价或是迫不得已而为之，我们就走上了实现自己潜能的道路。否则，我们在意识上并不认为这些边界是正确的。因此，不管面对什么难题和挑战，我们都要问自己应当设置哪些内在边界，这是获得成功的关键。

获得精神上的喜悦之光，激发自己的意愿力

这条建议在某种意义上是上一条建议的延续，但具有一定的独立性，也是衡量我们努力方向是否正确的标准。我们为什么会为自己设置内在边界？根本原因在于我们希望获得某一事物或实现某一目标，为此，我们愿意限制自己在其他事物和层面上的努力，甚至完全放弃其他事物和不那么重要的愿望，尤其是那些转瞬即逝、受冲动和欲望驱使的愿望，从而全力实现对自己而言最重要的愿望。那么，我们什么时候会产生这种愿望？答案是在我们能获得喜悦之光的时候。

我们从某一事物所获得的享受越多，我们就越不会感到自己在被迫遵循与之相关的规则和边界。这种喜悦感让我们不再感到自己付出了巨大的牺牲，也不用耗费过多的精力来强迫自己坚持这一目标。这一点在身体锻炼上体现得尤为明显，大多数人都明白锻炼身体的重要性，但单纯理解这一点是远远不够的，要想坚持下来，我们必须从中获得喜悦感。当我们不愿起床锻炼时，当我们感到体力不支时，之前从中体验到的喜悦感能够支撑我们坚持下去。

又比如，一个中学生明白考试的重要性，为此放弃打电子游戏。当看到朋友们在玩电子游戏，他也会感到自己错过了很多乐趣，内心会在不同层面同玩游戏的欲望进行斗争。这时，他从学习中发现的喜

悦越多，就越容易抵抗住游戏的诱惑。当这种喜悦强烈到一定程度，他甚至会忘记自己曾放弃过玩游戏，他的行为动机不再局限于在考试中获得好成绩，还包括追求学习的乐趣。

通过激发内在意愿来设置内在边界是一件极具挑战性的事情，原因在于，虽然创造性思考和心智活动与灵魂的喜悦之光之间有着明显的联系，但创造性思考则需要付出巨大的心智上的努力，同时，喜悦之光也并非唾手可得之事，需要我们付出巨大的努力。一个不努力深入思考的人不仅拥有的生命活力更少，获得的喜悦感也更少。我们能够轻松获得的喜悦感往往具有局限性和短暂性，我们付出的努力越多，这种喜悦感的层级也就越高。

喜悦感有助于我们设置内在边界，也是衡量我们是否朝着正确方向前进的重要指标。当我们完成一个项目，解决一个难题或来到了一个地方，我们完全没有疲倦感或空虚感，而是充满享受，希望继续前进，那就说明我们所做的事情是正确的。这里所说的疲倦感并非指身体上的疲倦，而是内心的疲倦。客观地说，身体的疲倦通过短暂的休息便可解决。很多时候，当我们在做正确的事情，我们甚至不愿休息，感觉自己充满了力量。相反，当我们在做错误的事情，我们的身体和灵魂会很快感到疲惫，因为内心力量的体现方式不正确，或遇到某种阻碍，这导致我们根本无法发挥内心力量。

做正确的事是极为幸福的。在工作中，如果一个人非常喜欢自己所在的单位，时不时用心整理自己工作时所需的设备和工具，每天上班路上内心都充满期望和爱，那就说明这份工作为他注入了充足的生命活力。相反，如果他毫无期待，对同事无比冷漠，他显然就没有在工作中正确地运用自己的内心力量。

在上文的基础上，还有必要提及一点：只有我们和孩子发现屏幕之外的乐趣后，我们才更容易打破对屏幕的执念。但是，发现喜悦并不意味着我们只做自己喜欢的事情，有时，我们也要在不那么有趣的事情上付出努力，因为，当喜悦之光显现后，人会非常清楚自己想要达成的目标是什么，于是义无反顾地做一些他不那么愿意但有利于目标实现的事情，从而获得更多的喜悦之光。

如何激发喜悦之光？

大家可以问一下自己，做什么会让你感到喜悦？责备、批判、失败和不信任肯定不会让人感到喜悦。人只有处在能够发现自己内心和得到不断成长的环境下才会感到喜悦。当我们取得成功，获得成就感，我们才有喜悦感可言。因为成功意味着我们发现了自己特殊的才能，这又关系到我们在世上的目标和使命。

喜悦还来自我们对事物内在本质的发现。当我们在心智上理解了某一事物或解决了某一问题，我们所获得的喜悦感本质上源于我们看到了世界统一的一面，从中发现了内在自我。只要问题还没有得到解决，世界和内在自我之间就始终存在隔离。我们越努力地通过智慧力寻找内在自我，我们的喜悦感就越强。当我们不再运用智慧力产生新的思想并用知性力去扩展这些思想，我们就会对世界失去兴趣，我们的活力也将成为无源之水。因此，获得喜悦的前提是我们不但进行思想的精进和创新，还要意识到这种坚持的意义所在。

人的灵魂当中没有"真空"的存在，所以人会本能地寻找各种刺激来填补灵魂的真空。如果我们不通过创新来发现自我，获得喜悦，我们的内心会从外部寻找其他新鲜事物，而这些事物有时并不可取。比如，社交网络就经常把我们的注意力转移到外部世界各种新奇的变化上，而不是促使人进行内省。在教育问题上，如果我们总是强迫孩子写作业，而不是引导他发现学习的乐趣，那孩子往往很难产生写作业的意愿力，无法设置内在边界，很可能被其他看似更有意思的事情吸引。

喜悦和内在活力

我们将从灵魂结构的角度进一步阐述，为什么喜悦之光的发现是衡量创造性思考和潜力实现的重要标准，也是应对电子产品成瘾问题和加强电子设备使用效率的重要手段。

喜悦感有两种实现方式，第一种是通过欲望的满足。欲望并非源于心智的理解，很多时候，我们想得到一样东西是没有任何理由的。当得到后，我们会为欲望得到满足而感到高兴。第二种是我们在思想上有所得时在精神层面的喜悦。《革马拉》中记载，每当艾利泽拉比发现一条新的注解时，他都会容光焕发，欣喜若狂。原因就在于他产生了新的思想，而非他的欲望得到了满足。

这两种喜悦的实现方式有什么区别？欲望实现带来的喜悦具有外部性，无法进入人的内心，因此无法给人带来更多的活力。人不会因为欲望的满足而发生实质性改变。此外，欲望本身也不会因为得到满足而消失，而是继续存在，只不过暂时表现得不那么强烈，比如，我们渴望在销售业绩上取得成功，当我们做到后，这种渴望会暂时消停，直到下一次出现。不同于欲望的满足，通过心智理解获得的喜悦能够进入我们的内心，带给人以活力。新事物的发现让我们的灵魂获得了新的力量，因为人的智慧需要力量的驱动，而这种力量就是发自内心的喜悦，而不是获得东西的欲望。这种喜悦感带来的力量是一种向内运动的具有独立性的内心力量，而欲望是一种向外运动的力量。

有必要指出，当渴望获得某种东西时，人也会调动自己的心智力量去实现这一渴望，但这一过程并不会产生精神上的喜悦。或者说，意愿的产生并不一定以喜悦为前提。但是，当我们的意愿是在喜悦感的基础上产生，我们根本不需要刻意地引导自己的内心力量，因为我们的理性和情感自然都会朝同一方向用力。当我们在这种状态下学习或观察世界，我们的理解力会更强，灵感会更多，喜悦的力量会驱动我们的智慧发挥作用，这同在毫无喜悦时单纯使用意愿力的情况完全不同。

总之，当我们从内心为自己的所作所为感到喜悦，我们就极有可能在发现内在自我，为自己的灵魂注入更多的生命活力，这也说明我们在做正确的事情。最后，让我们回到屏幕问题，客观说，在这个时代，被屏幕深深吸引的不仅仅是孩子，也包括我们自己。应对这一难题的最佳方法是寻找思想上的挑战，发现喜悦感。如果还没有感受到喜悦，那么我们的任务就是继续努力寻找喜悦之光。

有意义的思考

犹太心灵理论倡导的创造性思考理念认为，人对自我最主要的训练就是通过抽象思考把握事物的内在本质，从而将看似相对立的事物联系起来。这要求我们从另一个角度来理解世界，而不是完全相信我们双眼所看到的事物，我们要学会把世界的外部元素全部剥离，从而发现其内在本质。

犹太心灵理论文章中经常把这些活动描述为旷世高人所做的事情，但犹太贤哲也努力将这些活动融入日常生活当中，使之成为每个人的责任。如果大家对具体化和抽象化思维方式还没有深入理解，那么就有必要回顾第一章，回顾心智活动的四个层级。我希望大家时刻牢记，不管在何时何地，每个人都有能力剥除这个世界外在的物质性外衣，使之颠倒过来，用另一种方式看待世界，并带着新的理解和思想回到这个我们熟悉的世界，过上更好的生活。

自拍？更新状态？

在社交网络上创造性思考也非常重要。脸书、推特和照片墙都要求人们在这些平台上不断以富有创造力的方式发布信息。但与此同时，社交媒体也会限制创造性思考。在传媒学中"媒介即讯息"的概念被人们普遍认同。根据这一概念，媒介作为一种工具会影响和塑造人们传播讯息的方式。这一概念早在20世纪60年代就被马歇尔·麦克卢汉提出，但今天似乎仍然适用。网络迫使人以某种特定的方式进行思考，我们可以看到，网络上的讯息通常非常简短和个性化，并使用图片化的呈现形式。但殊不知，与这种方式相适应的思维活动往往是肤浅、个人中心主义和情绪化的，难以容纳复杂、深刻和多维的思想内容。

为了打破社交网络带来的局限性，我们必须充分发挥抽象思考能力。比如，人们都喜欢在社交网络里上传自拍照片和短视频。如果一个人总试图通过社交网络来实现自我营销，他很难给网友带来改变，因为他只专注于自己，没有思考如何让这个世界变得更美好。其实，虽然听上去有些令人费解，但自拍也是同样的道理。一张自拍最重要的并不是照片本身，而是其向他人传递的信息，从而引发他人的思考，促使他人对自己的生活和潜能有更深的理解。也就是说，即使是一张普普通通的照片也应当包含更广泛的信息，而不是仅仅记录个人的生活。人们也许会为一个熟人的照片习惯性地点赞，但也可能因为认同照片所传递的信息而发自内心地点赞，后者显然更有价值。

犹太心灵理论的创造性思考理念不提倡追求点赞和知名度，而是要求人们从一开始就在抽象层面思考：为什么要热衷于参与社交网络？如何通过发现自己内在的力量来完成某种使命？我们所追求的是发现自己的内心还是得到某种外在之物？从这个角度看，科技只不过是将这些抽象思考的结果付诸实践的工具。以色列商人马蒂·科哈维和他的女儿玛雅共同投资制作的纪念大屠杀事件的网络剧《伊娃的故事》就是创造性思考在社交网络的成功案例。该网络剧完全采用智能手机拍摄，得到美国白宫、以色列总理和许多其他著名机构和名人的强力推荐。《伊娃的故事》在照片墙上线14小时后，全球点击量就超过了1亿次，100多万名观众关注了该节目，作为关键词在谷歌上的搜索量更是超过了2亿次。

该网络剧改编自纳粹政权统治下一位犹太女孩在1944年用3个月

时间写的一本真实的日记,制片人将日记转变为社交网络视频,创造
了一个当时通过照片墙上传视频的女孩形象。通过这种极具抽象性的
思维方式,科哈维一家成功将伊娃从一个几乎已被人遗忘的死于纳粹
杀戮机器的女孩变为一个极具真实感的生动形象,深受观众喜爱。她
的遭遇也让许多人的心灵都为之震动。在制作这个节目的过程中,制
片人没有追求个人利益,而是出于一种使命感,通过讲述伊娃的故事
来让这个世界产生积极的改变。

　　但是,单纯使用抽象思考是不够的,人的思想还需要经历向下的
具体化过程,扩展和深入对某个问题的理解。哪怕只是一张照片,其
表达的内容绝非画面本身。在上传照片时,我们其实是在上传一个故
事,向世界传递我们试图表达的信息。通过照片我们能捕捉到某个地
点的情绪、天气、文化观念、心态、幽默感、历史甚至考古现象,让
这些内容变得具有永恒性。所以,同对待某一思想一样,在拍照时我
们也考虑很多因素。

　　除了抽象思考和宽泛意义的学习,我们还需要具体化思考。为了
让图片和视频能够吸引观众的眼球,拨动他们的心弦,我们需要掌握
许多具体的技巧,比如拍摄的最佳地点,最合适的相机型号,如何处
理过暗的背景以及如何充分利用网络提供的各种可能性将我们试图表
达的信息传播出去,等等。

有意义的政治

　　另一个能够说明创造性思考重要性的领域是政治,尤其是政治

选举活动。就像没有固定的创造力表现模式，富有创造力的政治竞选活动也存在千变万化的形式。竞选者需要根据选民文化特点、竞争对手、热点问题、环境挑战等因素来确定向选民传递的信息和需采取的行动。如果采用创造性思考中的重要原则，竞选者不但能够更大程度地实现自己的潜能，还能在政治选举中和各种其他政治活动中表现出惊人的创造力。

从特定角度看，政治并不只是权力斗争和对资源的控制，也是一种娱乐形式。在政治竞选期间，许多民众都会像追剧一样密切关注大选最新的发展，其娱乐性的一面表现得尤为明显。当一名政治家的言行举止和竞选活动表现出更强烈的生命活力时，他的吸引力也越大，选民会对他的思想和理念更感兴趣。我们前面说过，活力本身具有吸引力，体现了更强大的内心力量。对竞选者而言，活力有助于他更好地向选民传达个人和政党的精神。同其他领域一样，在政治领域中，活力的展现也离不开创造性思考及其相关原则的运用。

可以说，创造性思考及其原则不仅能帮助政治家更好地组织竞选活动，还能帮助作为公民判断政治家的创造力，判断依据在于政治家们是激发我们产生更多的生命活力，还是通过毫无乐趣的权力斗争让我们感到昏昏欲睡。

判断一位政治家的第一个原则为是否能够描绘愿景，拥有试图向世界传递的信息。如果他完全没有高于个人利益的展望，那他的选举活动也不可能有什么创造性。很多时候，某位竞选者的竞选活动负责人会将大部分资源用在各种政治手段上，但这些手段的力量是有限的，哪怕迅速吸引到部分人的注意力，也无法长久，因为选民希望得到的是干货，是内容，是能够让生命变得更有活力的信息。

在竞选或其他政治活动中，把政治家描绘得近乎完美没有多大意义，政治活动决不能围绕单独的个体展开，不管这个人有多么优秀。富有创造性的政治活动一定要传递高于个人的信息，明确地告诉我们一位政治家或一个政党将如何带领"世界"向更好的方向发展，以及如何让更多人参与到实现这一愿景的伟大事业中。特朗普提出的口号是"让美国再次伟大"，其实这种重振美国的口号在罗纳德·里根竞选时就已经被提了出来，被证明非常有效。2008年巴拉克·奥巴马使用的口号是"我们一定能"。这两位美国总统候选人都没有在口号中强调自己的个人人格和才能，而是强调对美好未来的承诺，虽然特朗普的承诺并没有兑现。

即使一位政治竞选者担任过总参谋长，领导过大规模战争，或在商业领域取得过巨大的成功，但都不宜在选举中过度强调自己过去的成就。这些个人履历会给人留下深刻印象，但并不能带给人动力和希望。政治家当然可以介绍自己的能力和经验，但他们要明白，选民追求的是愿意为之奋斗的目标，是一个更加美好的未来，只有这样，选民才愿意让这些政治家成为自己的领导者。领导人并不等同于愿景，而是带领人民实现这一愿景的人。我们之所以需要领导者，是因为愿景具有一定的抽象性，能够揭示某一事物的本质，所涉及的不是已然存在的事物，而是很多人看不到但未来可以实现的事物。

你需要记住，人并非天生拥有或缺乏对未来的远见。每个人都可以培养创造愿景的能力，有时，我们对未来的愿景只不过被自尊心或个人利益所遮蔽，在这种情况下，政治人物和公众人物的责任就是清除民众心中的遮蔽物，团结大家向共同的美好未来勇往直前。

此处有必要补充一点：愿景固然重要，但单纯拥有愿景是不够的，我们还要对自己实现愿景的能力充满信心。信心能激发人的活力和能量，缺乏信心时人则特别容易疲倦和懈怠。一位满脸疲态的政治家不可能相信自己有能力实现他给选民的承诺。公众只相信那些精神饱满、充满希望并愿意做出改变的政治家。当一个人充满自信，与自己的内在自我相连，他就会产生强大的学习和成长的意愿，尝试涉足不同的新领域，并将各种不同的知识体系联系在一起。

对于政治家和其他公众人物而言，为了重新拥有这种力量，他们必须重新思考自己直面的挑战，回到自己从政的初心。这种回归原点的思考能够帮助他们抛弃各种次要的欲望，避免力量的无谓消耗，回归和坚守自己的核心使命。

权威与共同根源

政治强调权力与权威，但如果政治家苦苦追求这些要素，那他往往很难成为一个创新者。对权力的渴望将使他难以打破内在局限性以及进行抽象和创新性思考，让人的内心缺少智慧之光。这种以自我为中心的倾向将阻止人拥有更广阔的视野和充分实现自己的智力潜能。

有几个用于检验政治公众人物是否在追求权力和权威的方法，这些方法也是检验创造力的重要标准。第一个方法在后文还会详细阐述，简而言之，就是看公众人物在无法得到重要职位和民众认可的情况下是否仍然愿意义无反顾地推进自己的事业。如果他能够做到，就说明他拥有内在驱动力。第二个方法是观察他是否具备发现自己与他人之间共同根源的能力。尽管政治强调政治家的独特性和思想的鲜明性，但如果一位政治家善于联合与自己政见相似的人，为此作出一些妥协和牺牲，甚至不惜让出自己的位置，这也说明他的事业心高于对个人权力的追求，发现了自己所追求事业的内在统一性和抽象本质。由于这种能力要求他首先战胜以自我为中心的倾向，民众会变得更为团结，政治权力也会变得更加集中，最终使他获得更大的影响力。

第三种检验政治家自信心和创造力的方法是看他是否会通过牺牲他人利益来实现自我利益或兜售个人理念。一个自信的人从来不会试图贬低不同于自己的观点。一个富有创造力的候选人不害怕与对手唇枪舌剑，包括那些世界观与他完全不同的人，但他绝不会贬低和侮辱对手，也不愿意伤害任何人，因为他明白，每个人在任何时间和地点都拥有自己的价值。贬低他人的价值与发现创造力的道路不相符。政治就像一场长跑，那些没有长远眼光、喜欢贬低对手的人迟早会遭到报复。

客观来说，详细分析创造性思考在政治领域的运用远远超出了本书的体量，在这里我们只能简要论述，我们可以用本章开头处肖洛姆·多夫伯尔·施内尔松拉比的话来对此进行总结："不要让当下的自己影响到本可成为的自己。"这句话应当成为每一位政治家对自身的要求，也应当成为优秀政治家传达给选民的思想。

坚持与投入

到目前为止，我们已经讨论了培养创造性思考能力的多个方面，但还有一条非常重要的建议是，创造性的思考和潜能的发掘还需要我们加强同内在自我的连接，从而产生将我们所做的事情和设定的目标坚持下去的意愿。

人在学习和专注的过程中必然会遇到各种烦恼。贤哲常说："人不可能劳而无获。"这句话中的"获"指的并非获得具体事物或理解具体思想，还包括消除烦恼的影响，使人不再迷惑。贤哲们认为烦恼看似强大，但只要勇敢地面对，就会逐渐消失。所以，人不要从一开始就被各种烦恼打败，或为其分散自己过多的注意力，一定要抵抗住烦扰从一开始对人发动的猛烈攻势。

如果我们把成功视为检验创造力的一个标准，那么在获得成功之前，我们永远无法得知自己是否真的富有创造力。很多时候，我们会被绝望感吞噬，很快选择放弃。根据犹太心灵理论的方法，如果我们在思考难题时缺少灵感和激情，这并不能说明我们没有才能和成长的空间，或我们应该被动地等待活力、激情和灵感的到来，而只能说明我们还需要付出更大的努力。通过勤奋和坚持，花费更多的时间学习，转换角度审视眼前的挑战，我们自然会产生更多的活力，从而拥有更强的学习能力。只有锲而不舍，不断投入，我们才能逐渐打破各种障碍和干扰的影响，直到我们的思路变得清晰，一切云开雾散。头脑的创造力就像肌肉一样，需要通过不断训练才能变得发达。就算我们追求的不是思想上的精进，坚持也有巨大的价值，给我们带来源源不断的活力，增强我们的专注力。

一个下定决心影响他人、改变世界的人，不会因为困难、邪恶和危机而轻易退缩。他能从自己的失败中不断学习和总结，在哪儿摔倒就在哪儿爬起来，变得越来越强大。相反，内疚感和自我鞭挞是我们心灵最大的敌人，只会让我们变得软弱，无法迎接新的挑战并取得胜利。

小事的重要性

坚持和投入是自信的结果，最终要体现在个人的行动中，包括做那些看似微不足道的小事。如果一个取得过不少成就的人突然被告知，从现在开始必须放弃自己所有的财富，去做非常低下的工作，他一定会很难受，宁可穷困潦倒也不愿接受这份工作。但是如果这个人拥有长远的目光，就更可能暂时忍受这份工作，韬光养晦，等待东山再起的时机，不将其视为对自己的侮辱。追其根源，这是因为他对自己有信心，相信自己能够不断成长。

有的人认为自己注定是做大事的人，且他们的思想具有崇高性，这一点很好，但他们因此看不起小事，放弃通过一点一滴的小事来影响这个世界，如果没有机会做大事，他们宁可什么也不做。他们经常会问自己：做这件小事能给世界带来什么改变？而他们内心给出的回答是："这种简单的事情完全可以交给不如自己的人做，自己的才华应该用在惊天动地的大事上。"

阿基瓦拉比的学生、以色列最伟大的纳坦之一希姆昂·巴尔·约哈伊为了躲避罗马人曾在山洞里生活了13年之久。从山洞出来后，他做的第一件事居然是清除石路上的障碍物，让祭司能够自由通行。希姆昂·巴尔·约哈伊拉比所做的就是一件能够让环境变得更好的小事，通过这一行为他教导人们，细小的行为也可以带来巨大的变化。

从这个故事中我们看到，这位重获自由的犹太民族精神领袖并没有被动等待做惊天动地的大事的机会，而是立即行动起来为自己的民族做一些力所能及的小事。而在某种意义上，所有对他人有价值的小事在本质上都是大事。

小事的重要性还体现在其可以给行为者带来更多的活力，避免人陷入无聊和压抑的状态，让生活重新充满意义和使命感。因为做小事有利于人实现自我收缩的内心运动，我们只有通过自我收缩和自我否定才能发现世间万物的奥秘。如果光和启示过于强烈，人容易被灼伤，这时只能使用能够包容这些光的更大的容器，或寻找其他的弱光。弱光存在于细节当中，存在于走向成功的每一小步中，存在于一点一滴的琐碎时间里，这些光更容易被我们的灵魂接受，帮助我们发现自己的潜能，不断增大我们内在的容器，以便在未来接受更强烈的光。

审视自己活力的强度和层级

在工作当中有时我们感到心力交瘁，不想作出任何改变，也不想接受任何挑战。在情绪上，我们一点儿也不想寻找能够磨砺我们内心的难题。我们厌倦了沉闷的工作，恨不得马上出去度假。在这种状态下，我们很难进行创造性思考。毕竟，创造性思考从根本上要求我们不断打破局限性和内心阻碍，接受各种不同的观点和假设。

为了增强自己的活力，我们要学会观察，并加强自我信念，打破局限性，应对不良情绪，拥有使命感，试图影响这个世界。但有时，我们之所以缺少活力是因为我们对自己前进的道路缺少清晰的思考。

这时我们要问自己，出现这一问题是由于外因还是内因？如果是因为这份工作难以调动我们的积极性，所从事的领域无法给我们带来充实感和成就感，那我们就该果断地换掉工作，改变自己的发展方向，到一个新的领域发展。如果出现这种状况是因为我们感到迷惑，无法在内心斗争中获胜，那不管我们换多少份工作都无法获得更多的活力和实现自己的潜能。这时正确的方法是加强内心修炼，进行自我提升，通过改变自己的意识而不是换工作来逃避现实。

在情感上也存在同样的问题。当夫妻关系变得疏远，我们也要问自己这是因为双方根本不适合生活在一起，还是因为其中一方或双方缺少品性的修炼。当然，情感问题与使命、理论问题以及职业发展等方面的问题还有所不同。犹太经典文献认为出现情感问题的主要原因在于缺乏个人修炼。大多数情况下，人都可以通过不断提高自己的精神境界并修炼自己的品性来保证夫妻关系充满活力。夫妻中一个人的自我修炼会对另一方产生积极影响，促使对方也进行自我修炼，从而实现相互促进的良性循环。在职业发展上也是如此，一个人的自我修炼与他在工作中获得的满足感也存在相互促进的关系。

总之，在人生的关键十字路口上，我们一定要倾听内心的声音，屏蔽外在的杂音。有一些特征识别的技巧能够帮助我们更好地倾听，发现我们的动力来源以及所处的意识状态，理解我们的疲惫程度和活力等级。通过对这些特征的识别，我们能审视自己活力的强度，更好地发现自身力量和实现个人潜能。但在这一过程中，一定要避免陷入不必要的自我鞭挞和悔恨，否则人会重新以自我为中心，不利于加深对自己的认识。

　　前文提到的许多建议也可以用来进行自我审视，从而明确我们当下工作或生活环境的活力强度。比如，我们是否愿意主动设置内在边界，是否能从工作中收获喜悦，是否尝试避免能量的无谓损耗，是否重视完成工作中看似微不足道的小事。如果对于这些问题的回答是肯定的，这也能证明我们走在正确的道路上。此外我们还可以增加以下几个标准。

1. 我们是否始终愿意迎难而上

　　犹太心灵理论学者认为，不管以何种形式出现的困难都是对人的一种考验。困难的出现恰恰说明人处于正确的位置，战胜这些困难正是成功的关键。事情越难就越有价值，也说明我们道路的选择越正确。

　　约瑟夫·艾萨克拉比指出，通过应对各种苦难，人能够将"应然"转变为"实然"，将"美好之事"转变为"可行之事"。他认为，世上所有事物都包含"美好"部分和"可行"部分，两者很好区分，人会本能选择"可行"的部分，而不是追求"美好"但艰难的部分。在内心修炼的道路上，人应当克服这种本能倾向，选择"美好"的事情，并将其转化成"可行"的事情。他的原话如下：

　　　　所有事物都包含美好和可行部分，而我们要努力做到的是将可行部分转化为美好部分。的确，在具体流程上，我们一般都从可行的事情入手，然后逐渐转向美好的事情，只有这样事情才能顺利地开始……最理想的状态是，美好的部分没有任何阻碍和困难，能够轻松地得以实现，但这可能吗……所有的事情都充满困难和阻碍，需要我们付出巨大的努力。

犹太学者强调，不断战胜困难，并在这一过程中发现自己的能力，这本身就是我们行走在正确道路上的一种标志。当然，在现实生活中也不乏另一种情况，各种艰难险阻的出现在暗示这条道路对我们来说不正确，有必要在其他领域寻找新的挑战，实现自己的潜能。

那么接下来的问题是，我们应当如何理解自己面临的困难和危机？它们在鼓励我们集中内心力量继续前进，还是在提醒我们改变自己的前进方向？要解决这一点，我们有必要回到讨论创造性思考的基本原则时提出的需要问自己的问题：我为什么想做这件事情？如果是由于外在原因，比如是追求名声或出于从众心理，那么这些困难在我们看来会变得更加难以解决，没有坚持下去的理由。如果是由于内在原因，希望通过做这件事情来实现自己的使命，让这个世界变得更美好，那么这些苦难无非是我们成长过程中必须面对的挑战。

每当处在特定的环境，或面对难以克服的困难，我们要问自己的都不是这一环境能给我们带来什么好处，而是我们的使命是什么，以及在这个环境下我们能给世界和他人带来什么。如果在某一环境下我们只能想到个人利益，比如工作的稳定性，没有任何使命感可言，那我们有必要改变自己的路径，直到发现自己的使命所在。

困难就像一个瓶塞，一旦打开它，我们就可以享用无尽的美酒。困难本身并不是目的，而是帮助我们充分发现自己潜能、进行创造性思考的挑战。当一个人遇到遮蔽他内在意愿的困难，如果拥有使命感，他会积极地看待困难，调动自己所有的力量来度过危机。通过力量的合理运用，他能实现自我提升。但如果这些苦难只是我们追求个人欲望的阻碍，没有任何宏观价值，人就很难用更宽广的视野看待困难，也无法在应对困难的过程中实现自我成长。明确自己追求某一事物的原因能够帮助我们屏蔽外部杂音，摆脱个人利益和外界环境带给我们的压力。

在明确动力来源时，我们还可以问自己：如果无法换取经济回报、知名度和他人的尊重，我们是否还会义无反顾地做这件事情？如果完全不在乎这些回报，那也能说明我们在这件事情中发现了内在自我。有意思的是，如果能达到这种境界，我们往往能获得更多回报。

如果为了一件事我们不惜放弃许多其他东西，这也说明我们拥有强大的意愿。当然，有时不排除是受外部变量的影响，比如来自环境的压力或不愿自己的生活发生改变。

如果能够为了追求某一事物我们主动放弃其他事物，没有任何遗憾，也不陷入受害者心态，这说明这件事情给我们带来了远远超出其他事物的喜悦和满足。比如，一个学生为了学习放弃娱乐，但动力不足，那么他追求的实际上可能只是取得好成绩，而不是学习本身的乐趣。他在学习中获得的乐趣越多，积极性就会越高，在其他事物上的欲望就会变得越弱。

如果动力来自外部，而不是内心，那我们更容易指责和批判别人，甚至无视他人的观点。我们一定要对这种心态保持警惕，这很可能说明我们对自己所处的位置和价值心存怀疑，缺少安全感。

2. 噪声检验法

另一种确定我们是否在正确道路上的方式是噪声检验法。我们要问自己,每当完成了一项工作后,我们是充满力量,希望迎接更多的挑战,还是身心疲惫,希望出去度假?

如果我们缺少应有的激情和动力,那说明我们需要在某方面进行调整和改变。只有当人拥有归属感和明确的意愿,并享受到喜悦之光,才会对自己所做的事情充满激情。在这种状态下,我们的行动力更强,不会拖延或被动等待事情的发生。行为上的活跃性表明我们的内心没有被悲伤的情绪笼罩,而是选择打开心扉追求简单的快乐。

识别内心疲惫的方法是暂时停下手头的工作或项目,如果在休息过后,我们产生了关于如何改进工作的新想法,迫不及待地希望重新开始工作,那说明我们的内心需要休息,但并不至于疲惫。如果在休息过后仍然没有什么新想法,那说明我们已经非常疲惫,也说明这件事情同我们之间并没有产生紧密的联系,没有成为我们生命的一部分。

内心意愿的发现有助于我们对抗来自外部的噪声。但是,还存在一种积极的噪声,这种声音的存在恰恰表明我们处在充满创造力的状态中。当我们有所创新,且这种创新是来自理性而不是自我中心倾向,这种积极的噪声就会产生。这时,人会感到充实。所有新的创造和发现,哪怕微小到难以察觉,也会在我们心中制造出一种声音,对人的品质产生影响,让人感到躁动和兴奋,这是一种积极的兴奋感,人在为自己的发现和理解感到惊讶和感动。

接受摩西十诫是犹太人历史上非常重要的一个事件。经学家常提出的一个问题是，为什么当时"雷轰、闪电和密云，并且角声甚大"（《出埃及记》19：16）？对此简单的解释是出现这些声音是为了让在场的人产生畏惧感。但神秘主义经学家给出的另一种解释是，在获得摩西十诫的过程中，新的事物得以发现，人们明白，世界不是静止的存在，而是在不断运动和变化。这种发现和创新带来了巨大的噪声，这其实是来自人内心的声音。

影响世界的意识

认同自己的道路，有意识地选择自己需要思考的难题，积极投身实践，完成看似微不足道的小事，这些能力对于培养我们影响世界的意识也非常重要。这种意识能为我们获得内心平静、进行创造性思考和充分实现潜能提供强大的动力，但首先我们要发自内心相信，我们所做的事情很重要，足以能够影响这个世界。

相信自己能够影响世界也是充分体验和享受生命必不可少的前提。如果缺少这种意识，我们很可能会错误地怀疑自己的处境，认为自己不具备发挥力量的条件。这样一来，我们很可能在做一件对世界和周围环境非常有意义的事情而不自知，对自己缺少认同和肯定。

假设销售人员总是等别人打电话来购买自己的产品，那就说明他不够自信，不愿意主动作为，还在等待所谓的"弥赛亚"来激励和帮助自己。这种等待外部救赎的方式与内在驱动力在方向上是背离的，事实是，我们永远也等不到一个所谓"完美"的时刻。

1806年，《塔尼亚》的作者施奈尔·扎尔曼拉比给列维·伊扎克拉比写了一封信，悼念对方儿子的去世。列维·伊扎克是犹太心灵理论领袖，与施奈尔·扎尔曼拉比的家庭有亲戚关系。他的一生非常悲惨，长期遭受迫害，后来被逐离平斯克的犹太社团，成为别尔基切夫的拉比。他的儿子梅厄拉比被公认为是一位神童，年少时就出版了专著，但20岁时不幸英年早逝。施奈尔·扎尔曼拉比该如何安慰这位父亲？在这封充满哈西德和卡巴拉主义术语的信中，施奈尔·扎尔曼拉比向列维·伊扎克拉比解释了后者的儿子通过自己的学术研究和善行对世界和他人产生的影响，他表示这种影响并不会因为他的去世而停止。

在以色列城市赖阿南纳领导哈巴德教派的沙德米家族也表现出明显的影响世界的意识。他们家族中的大儿子撒母耳·沙德米一向乐观而充满活力，但他在2017年的一场车祸中受了重伤，一直处于昏迷状态，靠呼吸机维持生命，大约坚持了半年后不幸离世，年仅22岁。在哀悼他的7天中，有一群人来安慰他的父亲伊利雅胡·沙德希拉比，但人们都不知道该说些什么，沉默了几分钟后，伊利雅胡居然发表讲话来安慰到场的悼念者，他说：“每个生命都有自己的命数。当上帝决定结束某一生命时，人无能为力。命数由人在这个世界上的职责和使命决定。人们在自己的生命道路上拼搏，这一过程如此艰辛，以至于有时我们会忽略和忘记身边的人。还有的时候，我们只顾着向前冲，不去思考自己的使命到底是什么。撒母耳的一生的确非常短暂，但他在短短的生命中打动和影响的人远远多于我们在过去30多年所做到的。在前进的道路上，他时刻没有忘记自己的使命。”

伊利雅胡的话非常有感染力，也应当成为我们做每一件事情的动力来源。生命的高度并不取决于其长度，而取决于我们是否发现并完成了自己的使命。从他的话中，人们得到巨大的安慰，人的影响力并不会因为生命的结束而不复存在，对普通人而言，我们也应当用这种眼光来看待自己每日平凡的生活，用影响世界的意识让每一个平凡的时刻变得伟大。

影响世界的意识还有另一层意义，它能让我们理性地看待自己的竞争者，不再害怕错过本属于自己的机会，如果错过，那只能说明这些机会从一开始就不属于我们。

影响世界的心态中包含有极大的自信。在这种心态的影响下，人会意识到自己并没有同外界竞争，而是在同自己竞争，必须最大限度地发现自己的力量。

塑造外界环境

创造性思考和潜能的实现要求我们拥有一个积极向上的环境。愤世嫉俗和冷漠的环境会抑制人进行创造性思考和实现成长。如果在我们所处的环境不断试图让我们相信自己不会成功，没有必要努力，那么我们最好离开这个地方，换一个环境生活。对于那些鼓励平庸、缺少活力的地方也同样如此。

但是，我们需要做的并不单纯是为自己寻找一个有利于发现自身力量的环境，人还需要主动塑造自己所处的环境，从而提升他人。提升他人的前提是我们能够慷慨地赋予他人价值，不认为他人会伤害和威胁到自己。这要求我们不变成愤世嫉俗的人，始终保持信念，对新的甚至与世界的表现不同的思想和变化持开放态度。在提升他人的过程中，我们也能提升自己。

如果我们总是害怕与他人分享自己的知识和生活，担心被他人超越，那么我们的内心一定会有所缺失。许多人认为自己无所不能，不需要他人的帮助，这种个人英雄主义的心态也会造成人与世界的分离。根据犹太心灵理论的观点，当一个人不需要朋友，不享受和朋友在一起的时光，甚至不接受他人，那这个人就会成为所多玛城的人，在这个城的人看来，我的东西是我的，你的东西也是我的。也就是说，这种人不给他人充足的空间，也看不到他人的价值。这表现为一种外在的傲慢，而不是内在的崇高。

我们每个人都拥有超出自己想象的潜能。发现自己的内在潜能不可一蹴而就，需要我们下定决心，付出巨大的努力。这些努力的回报最终表现为生命活力。为了获得尽可能多的活力，发现自己的潜能，我们必须明确自己对世界的贡献，切实行动起来，怀有愿景，为环境赋予价值，充满信心，不害怕竞争对手，把关注点放在自己的使命上，不消极等待来自外界的救赎，而是通过自己的行为来创造机会，在这一过程中发现能给我们带来无尽活力的内在动力源泉。

结　语

充分地体验生命

当改变被视为疯狂

肯·罗宾逊在《让思维自由》一书中详细描述了当前世界发生的变化。作为生活在这个世界上的公民，我们每个人都可以深切感受到科技对生活中方方面面的影响。过去许多稳定的职业都不复存在，而现在还在上学的孩子们未来要从事的职业可能还未出现。因此，我们的教育也应当适应这一变化，不能一味强调知识的吸收，而应当着重培养人的敏锐度和能力，深化他们对世界的理解。

罗宾逊罗列了未来的创业者和雇佣者最重视的能力。他认为，经济的深入发展将对人的能力提出更高的要求，"雇佣者希望自己的员工具有创造性思维，善于创新和沟通，懂得团队合作，具有较强的灵活性，并充满自信"。

罗宾逊的这个预言不无道理。在世界范围内，以色列很可能是对这一趋势理解最深的国家。正是基于这一理解，近年来，以色列成为全世界的高科技中心和创新领域的引领者。以色列的科技创新和在其他领域的成功并非凭空而来，而是有着深刻的文化根源，包括与创新精神相适应的世界观和民族心理。本书认为，以色列这种独特的世界观和民族心理与犹太文化一脉相承，尤其是符合犹太学者提出的实现潜能和进行创新性思考的相关方法和理论。

早在数百年前，犹太学者就预言了科技时代的到来，并看到理性和情感能力在这个时代的重要性。犹太心灵理论认为，科技的发展印证了世界的内在统一性，否认了世界的内在分离性。成功的创造性思考取决于能否发现这种内在统一性。从这个角度看，并不是科技的发展和未来职业的变化对教育体系提出了新的要求，而是作为人类，我们始终要适应新的要求和挑战，教育只是其中的一个方面。

犹太学者曾提出过一个非常发人深思的问题：在什么时候人被"困在埃及"？或者说，人在什么情况下会陷入停滞的状态，无法打破自身局限？

用卢巴维奇拉比的话来回答，当人认为"今日如同昨日、明日如同今日"时，当人停止自我改变，甚至认为做出改变是一件疯狂的事情，他就被困在"埃及"了。所以施奈尔·扎尔曼拉比指出，人每天都要走在"出埃及"的路上，寻找生命中的变化与更新，不断摆脱个人的局限性和不良情绪或错误思想带来的阻碍性力量。

犹太心灵理论认为，创造性思考并不是人们在做好一切准备或摆脱所有烦恼后才需采纳和内化的思维方式，就像一个身体虚弱的人，人们告诉他应该马上吃东西和喝水，但他却说自己没力气，只有等身体恢复后才能正常吃喝，这显然是十分荒谬的。同样，要克服错误的思想、困难和烦恼，改变不理想的现实，人必须从一开始就强化运用创造力看到事情本质的能力。为了充分地体验生命，人必须不断自我更新和改变外界，深化对事物的认识，这要求人首先剥除事物的物质性外衣，认识其本质，最后再用世界的外衣重新包裹这一事物。

犹太心灵理论还强调，为了更充分地体验和享受生命，我们必须相信自己的一言一行都可以影响世界。我们生命中的每一刻都无比重要，都能给世界带来改变。个人和集体都应当具备这种正确的意识。

因此，创造性思考的训练并非一种纯粹的横向活动。为了进行犹太学者所提倡的创造性思考，我们不能简单满足于在设计广告、上传状态或自拍时遵循各种操作层面的技巧。犹太心灵理论要求我们在深刻理解灵魂结构的基础上转变学习和思考的方式，看清限制内心的各种因素，并通过内心观察的方法来清除这些限制我们内心力量的阻力。内心观察方法包括"抽象化"和"具体化"思维过程，即训练者明确自己想要什么，为什么想要这些东西，动力来源是什么，世界以及灵魂是如何构成的，以及为什么人的许多自然倾向是不可取的。

本书呼吁人们不要随波逐流，被这个世界四处拖拽，而应该通过自己的行动来改变世界。科技发展是我们实现这一任务的重要工具。科技本身无法改变世界，只是改变世界的一种途径和工具。最终让世界发生改变的是人的才能以及人对自己改变世界能力的坚定信仰。生命的真谛就是充分利用自己的潜力，而科技创新为我们赋予了前所未有的力量，让我们能为世界带来更大、更新的改变。

《始于1912年》

本书提出的创造性思考的原则很多来自肖洛姆·多夫伯尔·施内尔松拉比, 他又被称为"拉沙布拉比", 被公认为犹太心灵理论的集大成者。我们可以通过他人生中两个事件来简要了解他的主要思想。第一个是他与西格蒙德·弗洛伊德教授的会面, 第二个是他临终的遗言。

第二个事件发生在1920年3月1日的罗斯托夫。当时, 第一次世界大战刚刚结束, 而苏联政府加强了对犹太人宗教生活的干预, 犹太民族即将进入最为艰难的历史时期。就在这时, 拉沙布拉比的身体状况急剧恶化, 他唯一的儿子终日守候在他床前。父亲知道自己大限将至, 把孩子叫到跟前, 对他说: "我马上就要上天堂了。我把我所写的东西都交给你。"

儿子听到此话感觉非常害怕, 因为父亲是他最尊重的人。仅在5年前, 由于犹太人在俄国及其周边生存条件不断恶化, 他们一家离开卢巴维奇城。看到儿子的表情, 拉沙布拉比又说道: "惊讶? 惊讶? 头脑! 头脑! "

在犹太心灵理论术语中, "惊讶"一词常常用于形容外在现象导致的情绪或思想, 有时用于描述一种充满活力的积极状态, 还有的时候则用在消极的语境中, 表达一种与内在自我相分离的状态。当一个人为世界感到惊讶和恐惧, 那就说明他对自己所处的位置缺少信念, 没有看到世界与现象中积极的内涵。

为什么拉沙布拉比在临终前会肯定"理性"并否定"惊讶"? 他

在试图让儿子控制住内心的悲伤吗？他在生命最后一刻到底想告诉儿子什么？

在回答这个问题之前，我们先看看另一个事件。在他去世前的17年，拉沙布拉比在儿子的陪同下来到西格蒙德·弗洛伊德在维也纳的诊所。他的左手出现严重瘫痪，以至于无法感知冷热，甚至用针扎都没有感觉。俄国医生建议他到维也纳接受更为先进的治疗方法，于是他来到这，找到了当时在维也纳大学担任教授的弗洛伊德，后者建议他进行电疗法进行治疗。拉沙布拉比在维也纳总共停留了3个月，根据拉沙布拉比在书中的记载，经过弗洛伊德的治疗，他的左手暂时恢复了知觉。

当时拉沙布拉比年仅23岁的儿子约瑟夫·艾萨克拉比（后来人们称他为拉亚兹拉比）记录了这位犹太学者与著名犹太医生进行的两次对话。一次是关于拉沙布拉比的病情，在另一次对话中，弗洛伊德向小自己4岁的拉沙布拉比请教，什么是犹太心灵理论的核心。

客观说，犹太心灵理论又被认为是关于圣经的最深奥的秘密，包含许多晦涩的知识体系，关于这一理论的书籍、对话和文章也数不胜数。然而，拉沙布拉比居然用寥寥数语对这一理论进行了高度总结，其精彩程度不亚于一位创业者在乘电梯的短短几十秒钟内说服投资人。他说："犹太心灵理论告诉人们，脑要让心理解它想要什么，心要执行大脑所理解的。"

弗洛伊德又追问道："如何做到这一点？毕竟，脑和心是两个相互隔离的世界，中间隔着茫茫大海呀！"

拉沙布拉比回答说："人的任务就是建起一座连接这两个世界

的桥梁，如果做不到，至少通过架设电线或电话线的形式将心和脑连起来。"

拉沙布拉比一生写作和口述过2000多篇文章，他善于用长文来讨论犹太心灵理论中的核心内容，极为清晰和有条理的方式阐释极为复杂的概念。他最宏大的作品是将他部分经典文章集结而成的《始于1912年》一书。1912年是他开始著述立说的第一年，第一次世界大战其间他继续潜心编写这本书。《始于1912年》共收录了144篇详细论述犹太心灵理论的文章。

很长一段时间，《始于1912年》中的文章都没有对外出版，除了其中很少几篇文章被复印传阅，人们对这本书几乎一无所知。60多年后，这些文章才在卢巴维奇拉比的授权下得以出版，但由于这些文章讨论的问题过于宽广和深奥，直到今天人们对它的研究仍十分有限。

约瑟夫·艾萨克拉比透露，父亲这一系列文章的核心思想在著述之前就已经成形，时间大约就在他在维也纳接受治疗的那几个月。

这些文章包含什么内容？我们很难用简练的语言精准地概括144篇文章的内容，但大体上，这些文章旨在帮助学习者深入掌握犹太心灵理论中的主要"科学"，包括心灵结构、心灵力量、心灵外衣、心灵的限制性因素以及解除这些限制的方法、多元世界的结构以及我们所处世界的结构、上帝"科学"以及上帝与世界的关系等。

拉沙布拉比的文章不但详细讨论了这些相对独立的知识体系，还阐释了不同"科学"之间的关系，解释了人的活力的来源、发掘思维潜能的重要性以及将思想的结晶"下降"到我们所处的现实世界从而改变世界和实现个人目标的方法。

这些文章是犹太心灵理论书籍的精华，也是许多其他书籍理论的起点。在某种意义上，这些文章是对拉沙布拉比对弗洛伊德所说的那两句话的诠释和扩展。从中我们能够得知大脑是如何通过向上的运动获得新的理解的。当脑的智慧力不断爬升，超出人的边界后，智慧力必须将在此过程中产生的新思想带回到大脑，交由脑的知性力量和观念力量处理，从而实现创新。为了完成这一过程，脑的三种力量不但要相互配合，三者还要同心进行紧密的配合，说服人的心将脑创造的新思想内化为人的一部分，推动想法在现实中的实现。

拉沙布拉比相当于告诉弗洛伊德，人的确拥有各种不良倾向、阻碍和局限性，但这无法控制一个真正愿意独立思考和实现成长的人。人可以通过自己的理性力量将这个世界颠倒过来，从而看到其内在本质。在这一过程中，人将选择不断改变自我，接受自己在现实中应当承担的责任。

犹太经典文献还经常提到犹太复国主义思想家阿哈德·哈姆（原名为阿舍尔·兹维·赫希·金斯伯格）与拉沙布拉比的关系。当人们问他如何看待拉沙布拉比时，阿哈德·哈姆回答说，拉沙布拉比看清了世界，然后尝试反抗世界。也就是说，阿哈德·哈姆认为拉沙布拉比对世界的理解虽然很深刻，但他不愿接受这个世界。结合拉沙布拉比与弗洛伊德的对话以及对其文章的分析，我们认为阿哈德·哈姆对拉比的理解可能不够准确。

犹太学者提倡的创造性思考并不希望人去对抗世界，而是要更清楚地认清世界，发现世界的本质，然后在此基础上影响和改变世界。通过这些思想，我们大概能更好地理解拉沙布拉比在临终前对儿子所说的话，为什么他会强调"脑"而不是"惊讶"？他也许试图告诉他的儿子：不要被我们眼睛所看到的黑暗现实所打败，要努力思考和行动，从而改变现实。我的离开并不是终结，而是另一种形式的延续。通过发挥脑的力量，我们可以改变自己看待世界的方式，打破生命的局限，包括存在于我们情绪、行为和潜意识中的局限，从而认识到任何一个结束都是新的机会，新的开始。只有当我们充分发挥脑的作用，人才能实现自己心智的潜能，充分地体验和享受生活。只有在这种状态下，我们的内心力量才能形成合力，以一种充分而合理的方式得以体现。

总之，他在告诉自己的儿子：我即将离世，但是我所写的东西都交给你了，你要好好学习和利用这些内容，发现颠倒世界的方式。

对于本书中所提及的颠倒思考的实际意义，我们可以作如下总结。

第一，正如拉沙布拉比在文章中所言，颠倒的意思是在不同层面进行深入思考，以发现事物的"内在要义"。这些活动的核心是对具体事例、故事和数据等内容进行高度抽象，从而突破理解的边界，获得思想的灵感。在经历过抽象化的阶段之后，再将之前产生的思想不断具体化。

第二，颠倒的另一层意义是鼓励人发现自己所做之事的内在愿望，或者说在这件事情中包含的世界的愿望，并努力实现这一愿望，而不是一切从个人利益出发，只满足自己的愿望。

第三，犹太心灵理论方法中的颠倒还强调战胜人的自然天性和不良情绪，这些都是灵魂的限制性因素。

第四，颠倒还有一层含义是提醒人们不要害怕邪恶、苦难和危机，要意识到这些看似不好的事情对人的意义，要发现其中的积极本质。

第五，颠倒思考肯定所有人和事物的价值。没有任何事物是没有意义和地位的，每件事物都能对我们有所贡献，否则我们就不会在生命中与它们相遇。

第六，当能够采用以上方式看待世界，人就能够将相互矛盾的事物统合起来，接受与自己相左的观点，丝毫不会感到自己受到威胁。

第七，颠倒的含义还包括认识到每个人都拥有巨大潜能，因此，每个人都应当为自己设置内在边界，并通过不断突破这一边界来不断增强自己的力量。

第八，鉴于以上几点，颠倒还意味着从一开始就从高处着手，随时做好打破常规跳跃层级的准备，但同时又能脚踏实地、有条不紊地工作。

第九，颠倒思考还需要我们意识到自己的行为能够对现实产生影响，给世界带来变化。只要坚定不移地追求事物内在本质，我们的行为必然会对周边环境产生难以想象的影响力。

第十，颠倒还意味着我们要追求世界的统一性，发现将所有事件、自然法则、他人以及我们的内心力量联系在一起的那根隐形的线，而不是将自我孤立起来，认为纷繁复杂的万物都处在危险的无序状态中。犹太思想认为，世界以颠倒的形式存在，当我们发现其中的统一性，也就看到了上帝创世中最真实的内在图景。

从整体上看，上述几点也是拉沙布拉比的儿子约瑟夫·艾萨克拉比所认同和宣扬的观点。

约瑟夫·艾萨克拉比的学生们也继承了这些思想，如今，他的追随者甚至会用有些极端的形式来表达他们在面对"世界"时的自信和毫不畏惧的心态。

在早期的一次犹太人聚会上，卢巴维奇拉比要求所有参与者将自己的衣服反着穿，这一行为所传递出的信息也是一样的：世界是颠倒的。为了发现世界的内在要义，我们需要颠倒看待世界的方式。总之，犹太人不惜以特别形式化的方式来表达这一立场。

影响者和接受者

通过颠倒思考来增强我们对生命的体验和享受，这并不是优秀人才独有的特权。根据犹太人的世界结构理论，世界在被创造之时就决定了每个人都拥有巨大潜能，将面对为他量身定制的挑战，因此，人必须努力和勇敢地应对这些挑战。犹太心灵理论还指出，创世的过程中人被定义为"影响者"或"接受者"。有的犹太贤哲认为，这就是世间有富人和穷人的原因。富人是影响者，他们的责任是做善事，而穷人的使命是接受这些恩赐与施舍。

这种描述看上去似乎有些不公平。谁也不想成为一个需要富人施舍的穷人，影响者的地位显然高于接受者。所以，在创世的过程中，为了避免不必要的矛盾，上帝确保每个人都同时拥有"影响者"和"接受者"的一面，既是富人也是穷人。也就是说，在某些时候和场合，人要学会接受，倾听外界的声音，向他人学习，肯定他人的价值。与此同时，每个人都具备一些特殊的品质和能力，是高贵的影响者。正是每个人的独特之处让这个世界变得完整，每个人的能力都是独一无二的。

从以上关于影响者和接受者的论述中，我们可以得出以下启示：第一，为了不断成长和改变，人必须学会"接受"，在"自我否定"的心态下不断学习。为了运用创造性思考进行创新，人首先要承认自己的无知，哪怕自己并非初学者。人在每个发展阶段都要具备"接受"的心态，否则容易陷入自我孤立的状态。即使是一个已经通过成功证明过自己的人，自我否定的心态也非常重要，因为成功过后的平凡状态很可能给人带来更大的危险，让他的活力强度比成功前更低。

第二个启示是我们前文已经反复强调过的，创造性思维并非只针对天赋异禀者或从小经历过严格思维训练的人，每个人在任何年龄阶段都可以培养和发现自己的独特之处，但前提是他相信自己能为世界做出不可替代的贡献。这并非空洞的口号，因为从信仰的角度看，每个人都不是无缘无故被创造的，都在世界上拥有自己的职责和使命。相信了这一点，人就会锲而不舍地发现和展现自己独特的才能，以自己独特的方式进行创新，获得属于他的成功。

第三个启示是，既然每个人都存在独特的价值，都能给世界带来不可取代的贡献，那么每个人和世界上所有的现象都可以成为我们学习的对象。在否定他人的过程中，我们将失去向他们学习的机会，错过能帮助我们成长的独有要素。

创造是一种个体行为，但也需要一种充满支持和鼓励的环境。在一个充满合作的环境中，人不仅能产生更多的知识和智慧，还能帮助他人做到这一点。因此，即使他人还没有为我们或世界做出实质性贡献，但由于他们客观存在这种能力，我们应该发自内心尊重和肯定他人，这种积极的态度也有助于他人发现自己的特别之处。在帮助他人的过程中，我们能够更好地实现自我成长。另一方面，如果一个人不愿意接受他人的帮助，表现得特别清高，这也是很危险的，这个人很可能追求的并非为世界做出贡献，而是希望得到他人尊重和认可。

最后一条启示是，只有将影响外界和接受外界影响结合起来才是人生最理想的境界。这时，人既能充满信心地改变世界，又能谦卑地倾听、接受和学习。这种结合能让我们的灵魂同时进行两种运动：创新和保持自我。正是在这两种运动的作用下，我们才能发现世界之外的神性之光，将这些关于变化和创造的思想带回我们所处的世界，让世界变得更美好。